MOLIÈRE JUGÉ

PAR SES

CONTEMPORAINS

Conversation dans une ruelle de Paris sur Molière défunt, par Donneau de Visé (1673). — L'Ombre de Molière, par Marcoureau de Brécourt (1674). — Vie de Molière en abrégé, par La Grange (1682). — M. de Molière, par Adrien Baillet (1686). — Poquelin de Molière, par Charles Perrault (1697), etc.

avec une Notice

Par A. P.-Malassis

Et un fac-simile des Armoiries de Molière.

PARIS

Isidore LISEUX, Éditeur

Rue Bonaparte, n° 2

1877

MOLIÈRE JUGÉ

PAR SES

CONTEMPORAINS

Armoiries

DE MOLIÈRE.

MOLIÈRE JUGÉ

PAR SES

CONTEMPORAINS

Conversation dans une ruelle de Paris sur Molière
défunt, par Donneau de Visé (1673). — L'Ombre de
Molière, par Marcoureau de Brécourt (1674). —
Vie de Molière en abrégé, par La Grange (1682).
— Vie de Molière, par Adrien Baillet (1686).
— Poquelin de Molière, par Charles Perrault
(1697), etc.

avec une Notice

Par A. P.-Malassis

Et un fac-simile des Armoiries de Molière.

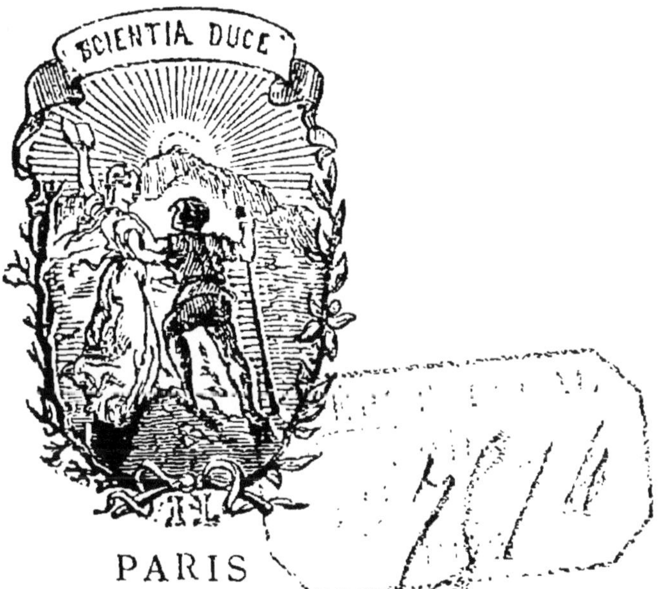

PARIS

Isidore LISEUX, Éditeur

Rue Bonaparte. n° 2

—

1877

Molière, de son temps, fut apprécié
à sa valeur surtout par ses pairs, et
peut-être par ses pairs seulement. Les
plus fermes et décisives affirmations
de son génie sont de La Fontaine et
de Boileau. « Quel est le plus grand
écrivain de mon siècle ? » demandait
Louis XIV à celui-ci. — « Sire, c'est
Molière. — Je ne le croyais pas, mais
vous vous y connaissez mieux que
moi. » « Molière, » disait La Fontaine,
de tout cœur, « c'est mon homme (1), »

(1)   *De la façon que son nom court,*
        Il doit être par-de-là Rome :
        J'en suis ravi, car c'est mon homme.

Lettre à M. de Maucroix sur la fête donnée à
Vaux, à la date du 22 août 1661 ; dans les *Œuvres
diverses*, éd de 1729, t. 3, p. 300.

a

et, sous le coup de la mort de son ami,
il composa la belle épitaphe :

Sous ce tombeau gisent Plaute et Térence,
Et cependant le seul Molière y gît.
Leurs trois talens ne formoient qu'un esprit.
Dont le bel art réjoüissoit la France.
Ils sont partis, et j'ai peu d'espérance
De les revoir. Malgré tous nos efforts,
Pour un long temps, selon toute apparence,
Térence et Plaute et Molière sont morts.

Après ces deux noms, il faut citer Racine, bien que brouillé avec le directeur
de théâtre, on ne sait à la suite de quel
différend (1). Quoi qu'il en eût, il garda

(1) Il y eut (mais après quel dissentiment?) mauvais procédé de Racine envers Molière, au sujet
d'*Alexandre*. La Grange le raconte ainsi dans son
Registre, à la date du 18 décembre 1665, le Palais-
Royal étant à la cinquième représentation de la
pièce : « Ce même jour, la troupe fut surprise que
la même pièce d'*Alexandre* fût jouée sur le théâtre
de l'Hôtel de Bourgogne. Comme la chose s'étoit
faite de complot avec M. Racine, la troupe ne crut
pas devoir donner les parts d'auteur au dit M. Racine
qui en usoit si mal que d'avoir donné et fait ap-
prendre la pièce aux autres comédiens. »

présente la mémoire de celui qui avait encouragé ses débuts. Elle tenait une place dans ses entretiens avec Boileau, et le satirique lui dédiait son *Epistre VII*, comme au plus digne d'entendre l'éloge sans réserve du grand défunt, et de profiter de la leçon de sa vie dramatique :

Avant qu'un peu de terre obtenu par priere
Pour jamais sous la tombe eust enfermé Mo-
liere,
Mille de ces beaux traits aujourd'huy si vantez
Furent des sots esprits à nos yeux rebutez...

L'anecdote de la réponse à Louis XIV s'était conservée dans sa famille : elle se rencontre dans les *Mémoires* de son fils (1). Enfin, au défaut de Boileau, méfiant et chagrin, qui se refusait, Racine répondait à Grimarest, aussi bien que Baron. Ce passage de la *Vie de Molière* n'a pas

(1) *Mémoires sur la vie de J. Racine*, par L. Racine, Lauzanne, 1747, p. 122.

été assez remarqué : « J'ai entendu parler à M. Racine fort avantageusement de Molière, et c'est de lui que je tiens une bonne partie des choses que j'ai rapportées (1). »

Le présent recueil est consacré à des témoins de moindre importance, réserve faite de Charles Varlet de La Grange, digne par son attachement envers son Maître de figurer à côté de ses plus célèbres admirateurs. Mais de Visé, Brécourt, Charles Perrault, bien qu'insuffisants, ou repentants, ou tièdes, n'en ont pas moins parlé de Molière comme d'un personnage de leur connaissance, et chacun de leurs écrits pourrait être suivi de la formule usitée chez les artistes de leur siècle : *ad vivum faciebat*. Ils ont subi l'impression de sa présence ; parfois, rarement, ils le montrent, et ces marques de sensibilité passagère, souvent inconsciente, font recueillir aujourd'hui

(1) *Vie de M. de Molière*, par Le Gallois, sieur de Grimarest ; collection Liseux, p. 150.

des fragments de leurs ouvrages, indifférents sans cela et voués à l'oubli.

Nous nous expliquerons sur chaque pièce dans l'ordre où elle se présente ici.

Conversation dans une ruelle de Paris sur Molière défunt, suivie de son Oraison funèbre. Par JEAN DONNEAU DE VISÉ.

Jean Donneau de Visé, né à Paris, a longtemps passé pour l'un des plus ardents détracteurs de Molière. Il devait ce triste renom à la similitude de ses initiales et de celles de De Villiers, auteur et comédien de l'Hôtel de Bourgogne, D. V. On persistait à lui attribuer divers écrits qui sont, à n'en plus pouvoir douter, de celui-ci (1) : *Zélinde,*

---

(1) Voir *les Contemporains de Molière...* par Victor Fournel, chapitres *de Villiers,* t. 1, et *de Visé,* t. 3.

la *Vengeance des Marquis*, les *Nouvelles nouvelles*, les *Diversitez galantes*,
productions de haine perfide et de basse
envie, imprimées l'une sur l'autre, en
1663-64, durant le débat furieux sou-
levé par *l'École des femmes* et prolongé
par *la Critique* et *l'Impromptu de Versailles*. En écrivant l'apologie du *Misanthrope*, de Visé n'eut donc pas à se
démentir, ainsi qu'on l'en a souvent accusé (1). Dès 1665, il était en
rapports suivis avec Molière. Le théâtre
du Palais-Royal donna, le 23 octobre
de cette année-là, sa comédie de *la
Mère coquette;* et ses ouvrages se mul-
tiplièrent ensuite sur cette scène, au point
que le directeur semble avoir trouvé
son compte à vivre dans les meilleurs
termes avec un écrivain si important et
aussi répandu.

En effet, ce Parisien est, à sa date, le
type et le père d'une espèce que les deux

(1) En tête de la première édition de la pièce,
Paris, Jean Ribou, 1667, in-12.

siècles suivants ont vu prospérer : celle des *faiseurs* littéraires. Remuant, insinuant, intrigant, collaborateur à toutes mains, coureur de bureaux d'esprit et de ruelles, c'est le premier homme qui ait connu *tout Paris*. La fondation du *Mercure galant* (1672), journal politique et littéraire, et aussi feuille à scandale, fit de lui une manière de puissance. A propos des *Femmes sçavantes* (1672), dont il constata le succès, nous relevons qu'il salue en passant l'abbé Cotin, se défend de le reconnaître dans Trissotin, et au pis-aller, l'engage à prendre cette cruelle satyre pour une *réclame* : « Ce prétendu original de cette agréable comédie, » dit-il, « ne doit pas s'en mettre en peine, s'il est aussi sage et habile que l'on dit, et cela ne servira qu'à faire éclater davantage son mérite, en faisant naître l'envie de le connoître, de lire ses écrits, et d'aller à ses sermons. » La phrase peint son auteur, et le juge.

La supériorité de Molière n'était pas pour blesser ce tout-à-tous, de tant d'entregent, d'aisance et d'agilité, ni davantage pour l'attacher. Peut-être ne la soupçonna-t-il que peu, ou point? Il a les mêmes louanges pour lui, sur le même ton et dans les mêmes termes, que pour Boyer, Benserade, Boursault et autres Illustres, en secret ses préférés, avec qui sans doute il trouvait à frayer plus doucement et de plus plain-pied.

La *Conversation sur Molière défunt* n'est rien qu'un article de *raporteur* (ou *reporter*) actif et au courant, qui a déjà réuni, sans épargner ses pas, onze épitaphes; mais, au demeurant, un composé de banalités, d'affectations, d'emphases, et de plus, une indécence. On souffre à voir ce Cléante (un « enjoué, » un « Amilcar », auraient dit Cathos et Madelon), débiter ses bouffonneries, sous prétexte d'*Oraison,* « dans une chaise que la dame de la ruelle avoit fait faire, parce que Molière devoit venir jouer *le Malade imaginaire* chez elle. » Nous n'insistons pas, dans la crainte de ressentir d'une façon trop moderne cette pantalonnade funèbre qui ne choquait pas la délicatesse de la bonne compagnie, en l'an 1673.

Un très-petit nombre de traits ou de détails intéressants relèvent ces platitudes; tel le passage sur Molière comédien : « Tout étoit comédien en lui, depuis les pieds jusqu'à la teste... » On remarquera un mot entendu d'original : « qu'il feroit jouer jusqu'à des fagots; » et l'anecdote des quatre saignées en un jour, après lesquelles on s'explique que le patient ait refusé de se faire encore tirer du sang (1).

L'Ombre de Molière. Par Guillaume Marcoureau de Brécourt.

Celui-ci n'avait rien de commun avec l'enfant de Paris, souple et délié, de qui nous venons de parler.

(1) Voir p. 9, 19, 22.

C'était un lymphatique-sanguin de Hollande, rencontré jeune encore par Filandre, chef d'une troupe nomade; spadassin, hanteur de cabarets, de brelans, et autres mauvais lieux; qui tua un cocher dans une rixe, repassa dans sa patrie après le meurtre, s'offrit à enlever un particulier qui déplaisait à la cour de France, manqua son coup, craignit pour sa vie, et revint. D'une bravoure imperturbable, dans une chasse du roi, à Fontainebleau, il servit, à l'épée, un sanglier furieux, et le transperça en présence de Sa Majesté qui lui daigna dire qu'elle ne l'avait jamais vu mieux jouer son rôle (1678).

Car il était acteur, acteur-auteur, et il excellait dans le tragique comme dans le comique; mais la violence de son humeur le faisait changer de compagnie encore plus souvent que de pays. Débutant à Paris, sous la direction de Molière, en 1658, il était passé, en 1660, au Marais; deux ans plus tard, il rentrait dans la troupe de Monsieur; deux ans ensuite, il se brouillait encore avec Molière, et trouvait place à l'Hôtel de Bourgogne. Six comédies de lui ont été imprimées ; les titres de quelques autres se sont conservés (1).

On a très-justement remarqué que *l'Ombre de Molière*, jouée une fois, sans plus, en 1694, à l'Hôtel de Bourgogne, avait tout le caractère d'une « réparation à la fois de la part de l'auteur, qui avait, dix ans auparavant, quitté brusquement Molière, à la suite d'un dissentiment avec lui ; de la part du duc d'Enghien auquel la pièce est dédiée, et qui avait été jadis l'ennemi de Molière ; enfin, de la part de l'Hôtel de Bourgogne, qui semblait vouloir expier ainsi la guerre qu'il avait faite au défunt, avec

(1) Brécourt mourut, dit-on, pour s'être rompu une veine en voulant représenter avec trop de véhémence le personnage principal de sa comédie de *Timon*; c'est-à-dire de son diable-au-corps. Il avait concouru, en 1671, au prix de l'Académie françoise, *Louange au Roi sur l'édit des duels*, et le roi avait préféré ses vers à ceux de La Monnoye, qui furent couronnés.

le Portrait du peintre, l'Impromptu de l'Hôtel de Condé, et *la Vengeance des Marquis* (1). » Au moins est-il hors de doute que du côté de l'auteur l'amende honorable ait été spontanée et des plus sincères. Les réponses d'Oronte à Cléante dans le prologue, l'exposé de la carrière dramatique de Molière par Minos à Pluton (2), montrent un ami vraiment touché, frappé dans une affection ancienne et plus vivace qu'il ne l'avait cru, qui a oublié ses griefs et ses torts pour ne se rappeler que les talents et les vertus de l'être regretté. Celui qui a écrit : « Il étoit dans son particulier ce qu'il paroissoit dans la morale de ses pièces, honnête, judicieux, humain, franc, généreux... » avait bien vu Molière, et l'avait aimé. Grâce à lui,

(1) M. Victor Fournel, dans *les Contemporains de Molière*, t. i, notice sur Guillaume Marcoureau de Brécourt. Les pièces contre Molière citées dans ce passage sont de Boursault, de Montfleury et de Villiers.

(2) Voir p. 39-41 et 52.

l'homme apparaît ici, en quelques mots, au complet, et tel que Grimarest l'a poursuivi dans sa longue et laborieuse enquête.

La comédie de Brécourt appartient à la catégorie des *Arrivées dans l'autre monde* et des *Dialogues des morts*, thème grec illustré par Lucien, et dont la vogue dans notre littérature s'est prolongée par-delà la Révolution. De 1675 à 1734, les éditeurs de Molière l'ont admise à la suite de ses Œuvres, et elle y était bien à sa place.

Vie de Molière en abrégé. Par Charles Varlet de Lá Grange.

En dépit des bibliographes, il paraît bien que l'édition des œuvres de Molière de 1682, qu'on pourrait appeler *de la Veuve*, puisque le privilége est au nom du libraire Denis Thierry, comme ayant traité avec elle, eut non pas un, ni deux, mais trois éditeurs : La Grange, Vinot et Marcel, restés à divers titres et degrés les amis de Mademoiselle Molière remariée. L'absence d'une direction unique et ferme se trahit dans les altérations arbitraires du texte, dans sa révision maladroite sur les manuscrits, et jusque dans le nombre des fautes d'impression, preuve manifeste d'incohérence et d'incurie. Rapprochée de l'édition de 1674-75, celle-ci vaut donc par ses deux derniers volumes d'Œuvres posthumes, et par sa préface.

La Grange n'a jamais fait doute comme collaborateur en premier : la publication n'était pas possible sans lui ; Robert Vinot, suivant M. de Trallage, était un vieil admirateur de Molière, et savait tout son théâtre par cœur ; pour Marcel, le seul contesté, s'il a eu le plus de peine à y attacher son nom, il a su, à l'exclusion de ses associés, l'y répéter jusqu'à trois fois. Ceci n'a pas encore été remarqué : des cinq pièces de vers liminaires, trois sont signées de Marcel, qui s'est fait là, d'autorité, la place large et bien en vue (1). Rien de surprenant, ensuite, à le voir, longtemps après, exagérer à Bruzen de la Martinière sa part dans la première édition complète des Œuvres (2). C'est assez la coutume des survivants d'un travail littéraire de s'en accorder peu à peu tous

(1) Voir p. 115-117. Ce détail important ayant échappé à M. Paul Lacroix (voir *Bibliographie Moliéresque*, 2ᵉ édition, p. 81) aussi bien qu'à M. Édouard Thierry (Biographie de Charles Varlet de La Grange, en tête de son *Registre*, p. XLI), nous devons supposer que les 4 p. non paginées de pièces liminaires en vers, qui doivent se trouver dans l'éd. de 1682, à la suite de la préface, aussi non paginée (22 p. en tout), manquent à un certain nombre d'exemplaires. Nous renvoyons à celui de la Bibliothèque nationale, *Y, 5517, Réserve*. La présence des trois pièces de vers de Marcel dans l'éd. de Lyon, Jacques Lyons, 1692, reproduction de celle de Paris, 1682, a fait supposer à M. Paul Lacroix qu'elle avait été publiée par les soins de ce comédien (voir *Bibliographie Moliéresque*, 2ᵉ éd., p. 84).

(2) Voir la Vie de Molière, par Bruzen de la Martinière, en tête des Œuvres, éd. d'Amsterdam, 1725, 4 vol. in-12, avec fig. de Schouten.

les mérites, et de finir par n'y voir plus qu'eux-mêmes (1).

Que Charles de La Grange ait abandonné à ses adjoints la besogne de correction et la révision du texte (laquelle n'avait pas la même importance qu'aujourd'hui), pour se réserver sans difficultés la préface, c'est ce qui, malgré les affirmations tardives et séniles de Marcel resté sans contradicteur (2), semble plus que probable. M. Édouard Thierry l'a dit : « Pour qui a étudié La Grange et lu attentivement la *Vie de Molière*, il y a une présomption morale que ce récit sommaire et substantiel est de lui, il ne peut être que de lui. C'est sa politesse .naturelle, la bonne tenue de son style, son sérieux aimable, son attitude respec-

____

(1) C'est ainsi que le très-honnête Meister avait fini par ne voir à peu près que lui dans la *Correspondance* de Grimm. On citerait de nombreux exemples, même modernes, de cette illusion d'optique.

(2) La Grange était mort dès le 1er mars 1692.

tueuse et tendre vis à vis de son maître, dans cette commune habitude qui a créé entre eux l'intimité profonde, sans faire naître la familiarité. »

Il convient d'ajouter que de toutes les biographies de Molière nulle n'est aussi brève et aussi pleine. Elle donne surtout l'essentiel des quatorze dernières années de la vie du grand comédien, et satisfait pleinement, sur cette éclatante période, une curiosité normale, non surexcitée, comme les nôtres.

La Grange, ce semble, avait pu connaître Molière dès 1656 ou 1657, mais il n'était entré dans sa troupe qu'à la réouverture d'avril 1659; depuis lors, il ne le quitta plus, et resta fidèle après sa mort à la fortune de son théâtre. C'est lui qui a tenu le fameux *Registre* où se trouvent relevés, de 1659 à 1685, tous les spectacles donnés dans les salles du Petit-Bourbon, du Palais-Royal et de Guénégaud, publié l'année dernière par les soins de la Comédie-Française, avec une étude biographique qui a fait de cet « élève et acteur préféré de Molière, l'orateur de son choix, et le chef en second de sa troupe, » la figure la plus irrésistiblement sympathique de notre théâtre au XVIIe siècle (1).

M. de Molière. Par Adrien BAILLET.

Adrien Baillet était dans les ordres; il ne vit jamais jouer une comédie de Molière, et sans doute n'ouvrait-il les volumes de son théâtre qu'en tremblant. Lorsqu'il publia sa notice (1686) il en était resté à l'édition de 1674-75, ignorait celle de 1682, et se plaisait à considérer *le Festin de Pierre* comme une pièce heureusement supprimée.

(1) Archives de la Comédie-Française. — *Registre de La Grange* (1658-1685), précédé d'une notice biographique... Paris, Claye, in-4.º de XLIX-360 p.; la notice non signée est de M. Édouard Thierry.

Mais il était érudit, compilait, compilait, et Janséniste, ce qui lui fait mêler
les expressions de son horreur pour Molière « un des plus dangereux ennemis
que le Siècle ou le Monde ait suscités à
l'Église de Jésus-Christ, » au relevé des
opinions d'écrivains contemporains sur
le comédien et l'auteur dramatique.
Celles du P. Bouhours, du P. Rapin, de
Boileau, de Bayle, du sieur de Rochemont, de Mlle Anne Le Fèvre, de Pradon, et de M. Rosteau, un amateur de
belles-lettres, se trouvent rassemblées ici.

Le passage sur le *Tartuffe* est à remarquer. L'Église n'écrirait plus de ce
style contre l'*hypocrisie* « ou la fausse
dévotion, » devenue la plaie nécessaire
et sacrée. A peine, il est vrai, reste-t-il
une trentaine de Jansénistes à Paris, dans
les environs de Saint-Louis-en-l'Isle; à
peu près autant que de Samaritains à
Jérusalem.

Jean-Baptiste Poquelin de Molière.
Par Charles PERRAULT.

Molière vivant n'eut pas à se louer
au moins de l'aîné des Perrault. Un
beau matin d'octobre 1660, lui et sa
troupe ne retrouvèrent plus leur théâtre :
sans crier gare, Claude Perrault avait
fait abattre l'Hôtel du Petit-Bourbon,
pour installer sur l'emplacement les
chantiers de la colonnade du Louvre.
C'était celui de la famille qui de méchant médecin s'était fait bon architecte ;
il y paraît à la notice de son frère
Charles, où Molière est pris à partie pour
avoir manqué de respect « à la médecine
elle-même et aux bons médecins. » Dans
son ensemble, elle est assez informée,
cette notice, mais aigre, et écrite du ton
de suffisance ordinaire au personnage

officiel. Le Contrôleur général des Bâtiments, membre de l'Académie des Sciences et des Inscriptions, se croit, vis à vis de Molière, sur le grand banc. Dans le dernier paragraphe l'auteur comique est résolûment immolé à l'acteur ; louable précaution, et bien efficace !

Avec cela, il convient de tenir compte à Charles Perrault de cette biographie ; elle figure, grâce à lui, dans *les Hommes illustres*, où Michel Bégon qui faisait les frais de la publication, se montrait assez peu disposé à lui donner place. Cet Intendant de La Rochelle, et curieux passionné, ébloui, comme le sont les gens en place, par les puissances et les dominations, jugeait Molière un assez petit compagnon, et de profession bien équivoque, pour figurer à côté de tant de Princes, Présidents, Généraux, Évêques, Érudits, etc. « J'estime Molière plus que Scarron, » écrivait-il rondement, « mais ny l'un ny l'autre ne doivent passer pour des Illustres du siècle (1). » Perrault sut enfin lui faire entendre que Molière était aussi un Illustre, dans son genre.

La notice, dans *les Hommes illustres*, est accompagnée du beau portrait de Nolin, d'après Mignard, le seul vraiment original, et qui représente Molière sérieux et même un peu soucieux, tel qu'on se l'imagine le plus aisément (2). Les armes allégoriques qu'il s'était composées, *aux trois miroirs de Vérité*, sont gravées au bas de la bordure, et sans doute leur authenticité avait-elle été contrôlée par Bégon, éditeur fort scrupuleux. Si nous ne les avions trouvées décrites que dans le *Mercure ga-*

(1) Lettre à M. de Villermont, du 8 février 1689, citée par M. Georges Duplessis dans *Un Curieux du xvii⁰ siècle. Michel Bégon, intendant de La Rochelle*. Paris, A. Aubry, 1874, in-8.

(2) Ce tirage, qui est de cinquième état, après la reprise du cuivre par Edelinck ou Lubin (?), n'a pas de signature d'artiste. Voir l'*Iconographie Moliéresque* de M. Paul Lacroix, 2⁰ édition, in-8 1876, p. 18.

lant (1), entre celles aux Singes et celles aux Masques, nous les aurions supposées de fantaisie, et elles ne figureraient pas en tête de ce volume.

A. P.-MALASSIS.

(1) Voir p. 24 et 25.

CONVERSATION

dans une ruelle de Paris

SUR

MOLIÈRE DÉFUNT

SUIVIE DE SON

ORAISON FUNÈBRE

PAR

JEAN DONNEAU DE VISÉ (1)

(1) *Dans le Mercure galant*, tome IV. Paris
Claude Barbin, au Palais, sur le second perron de la
Sainte-Chapelle, 1673, in-12. — P. 261.

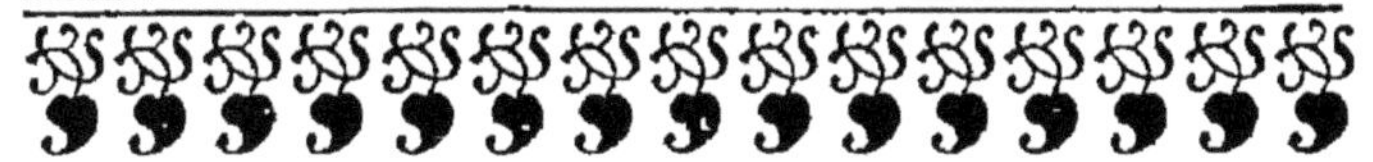

CONVERSATION

dans une ruelle de Paris

SUR

MOLIÈRE DÉFUNT

—

.... Un homme qui avoit accou-
tumé de venir dans cette ruelle, parla
de la mort de Molière dont on s'étoit
déjà entretenu quelques jours auparavant. Il estoit illustre de plusieurs manières, et sa réputation peut égaler celle
du fameux Roscius, ce grand comédien
si renommé dans l'antiquité, et qui merita du prince des orateurs cette belle
harangue qu'il récita dans le sénat pour
ses interests. Le regret que le plus grand

des Roys a fait paroistre de sa mort est
une marque incontestable de son merite.
Il avoit trouvé l'art de faire voir les defauts de tout le monde, sans qu'on s'en
pût offenser, et les peignoit au naturel
dans les comédies qu'il composoit encore avec plus de succez qu'il ne les ré-
citoit, quoy qu'il excelât dans l'un et
dans l'autre. C'est luy qui a remis le comique dans son premier éclat ; et depuis
Térence personne n'avoit pû légitime-
ment prétendre à cet avantage. Il a le
premier inventé la manière de mêler des
scènes de musique et des ballets dans les
comédies, et il avoit trouvé par là un
nouveau secret de plaire, qui avoit esté
jusqu'alors inconnu, et qui a donné lieu
en France à ces fameux opéras, qui font
aujourd'huy tant de bruit, et dont la
magnificence des spectacles n'empêche
pas qu'on ne le regrette tous les jours.

J'eus à peine achevé de parler du mérite de cet auteur, qu'une personne de
la compagnie tira quelques pièces de
vers qui regardoient cet illustre défunt.

Plusieurs en lurent haut, et les autres bas. Voicy ce qui fut entendu de toute la compagnie.

PIÈCES EN VERS

SUR LA MORT DE MOLIÈRE

Si dans son art c'est estre un ouvrier parfait,
Que sçavoir trait pour trait
Imiter la nature,
Molière doit passer pour tel ;
Michel-Ange, Le Brun et toute la peinture,
Comme luy n'ont sçeu faire un mort au naturel.

AUTRE.

Cy gist un grand acteur que l'on dit estre mort ;
Je ne sçay s'il l'est, ou s'il dort.
Sa Maladie imaginaire
Ne sçauroit l'avoir fait mourir,
C'est un tour qu'il fait à plaisir
Car il aimoit à contrefaire.
Quoi qu'il en soit cy gist Moliere ;
Comme il estoit comedien,
S'il fait le mort, il le fait bien.

AUTRE.

Cy gist le Terence françois,
Qui merita pendant sa vie,
De divertir malgré l'envie,
Le plus sage de tous les Rois :

Il a poussé l'esprit comique
Iusques au dernier de ses jours ;
La Mort en arrestant le cours,
Il a finy par le tragique.

AUTRE.

Cy git qui parut sur la scene
Le singe de la vie humaine,
Qui n'aura jamais son égal,
Qui voulant de la Mort, ainsi que de la Vie,
Estre l'imitateur dans une comedie,
Pour trop bien réüssir, y réussit fort mal ;
Car la Mort en estant ravie,
Trouva si belle la copie
Qu'elle en fit un original.

AUTRE.

Cy git sous cette froide biere
Le fameux comique Moliere,
Ie ne sçay pas bien s'il y dort ;
Celuy qui sçeut tout contrefaire,
Y pourroit bien encor contrefaire le mort.

AUTRE.

Celuy qui git dans ce tombeau,
Passant, c'est le fameux Moliere,
De qui l'esprit estoit si beau,
Que rien ne faisoit peine à sa vive lumière.
Regrete son trépas si tu cheris les vers,
Car il charmoit les sens sur tous sujets divers :
Mais la cruelle Parque, en nous faisant injure,

S'accordant avecque la Mort,
L'a laissé dans la sépulture
Où cet acteur faisoit le mort.

AUTRE.

Sous ce tombeau gissent Plaute et Terence
Et cependant le seul Moliere y git.
Leurs trois talens ne formoient qu'un esprit
Dont le bel art divertissoit la France.
Ils sont partis, et j'ai peu d'esperance
De les revoir malgré tous nos efforts.
Pour un long temps, selon toute apparence,
Terence, Plaute et Moliere sont morts.

AUTRE.

« C'est donc là le pauvre Moliere
Qu'on porte dans le cimetiere, »
En le voyant passer, dirent quelques voisins.
« Non, non, dit un apoticaire,
Ce n'est qu'un Mort imaginaire,
Qui se raille des medecins. »

AUTRE.

Pluton voulant donner aux gens de l'autre vie
Le plaisir de la comedie,
Ayant pour faire un choix longtemps délibéré,
Ne trouva rien plus à leur gré
Que le Malade imaginaire ;
Mais comme par malheur il manquoit un acteur,
L'un d'entr'eux dit tout haut qu'on ne pouvoit mieux [faire
Que d'envoyer querir l'autheur.

AUTRE.

Moliere à chacun a fait voir
L'inutilité du sçavoir
De ceux qui font la médecine ;
Et pour accomplir son dessein,
Et nous mieux prouver sa doctrine,
Il meurt dès qu'il est médecin.

Ces vers donnèrent occasion de parler
de la Médecine ; quelques-uns se decla-
rèrent contre, et plusieurs prirent son
party. Un de ceux qui la défendit avec
le plus de chaleur, tint ce discours en
parlant de Molière : « S'il avoit eu le
temps d'estre malade, il ne seroit pas
mort sans médecin : il n'estoit pas con-
vaincu luy-mesme de tout ce qu'il disoit
contre les Médecins, et pour en avoir fait
rire ses auditeurs, il ne les a pas persuadez. Je demeure d'accord avec luy que la
plus grande partie de la Médecine consiste dans l'ordonnance des lavemens,
saignées et purgations ; mais il faut les
sçavoir ordonner à propos, et sçavoir, selon les maladies qu'on a à guérir, ce qu'il
faut mettre dans le premier et le der-

nier de ces remèdes. On en peut faire de cent manières différentes ; mais pour cela il faut connoître les simples, et sçavoir leurs vertus. Non, non, le monde ne peut croire ce que cet autheur a dit des Médecins. Il est constant qu'il y a des remèdes, les bestes en trouvent et se guérissent elles-mêmes. Hé pourquoy, puisque les hommes ont bien connu les herbes qui empoisonnent, ne connoistroient-ils pas celles qui ont la vertu de les guérir ? Rien n'est si commun que les salutaires effets des ordonnances des Médecins. On connoist ceux des médecines et des lavemens, par la bile et par les impuretez qu'elles font évacuer. On sçait combien la saignée est nécessaire à un malade quand il est oppressé ; et Molière, ce même Molière, pendant une oppression, s'est fait saigner jusques à quatre fois pour un jour ».

Plusieurs eurent de la peine à le croire, et chacun ne s'accordant pas sur le chapitre de la Médecine, on parla des ouvrages du défunt, qu'un défenseur voulut traiter de bagatelles. « Je sçay bien, repartit un autre qui n'estoit pas de son sentiment, que Molière a mis des bagatelles au Théâtre; mais elles sont tournées d'une manière si agréable, elles sont placées avec tant d'art, et sont si naturellement dépeintes, qu'on ne doit point s'étonner des applaudissements qu'on leur donne. Pour mériter le nom de peintre fameux, il n'est pas nécessaire de peindre toujours de grands palais, et de n'employer son pinceau qu'aux portraits des monarques : une cabane bien touchée est quelquefois plus estimée de la main d'un habile homme, qu'un palais de marbre de celle d'un ignorant ; et le portrait d'un Roy, qui n'est recommandable que par le nom de la personne qu'il représente, est moins admiré que celuy d'un païsan, lorsqu'il n'y manque rien de tout ce qui le peut faire regarder comme un bel ouvrage. »

La conversation alloit s'échauffer, lorsqu'on vint dire à la maistresse du logis, que Cleante estoit prest, et qu'elle pouvoit passer dans la salle avec toute la Compagnie. Comme chacun se levoit sans sçavoir pourquoy on changeoit de lieu : « Il faut, dit la maistresse du logis, en arrestant tout le monde, que je vous avertisse d'une chose qui vous surprendra fort. Cleante m'estant venu voir le lendemain que Molière mourut, nous témoignâmes le regret que nous avions de sa perte. Il me dit qu'il avoit envie de faire son Oraison funèbre; je me moquay de lui. Il me dit qu'il la feroit et qu'il la réciteroit mesme devant ceux que je voudrois. J'en demeurai d'accord, et lui dis que j'avois fait faire une chaise, parce que Molière devoit venir joüer le *Malade imaginaire* chez moy, et qu'elle lui serviroit. Il m'a tenu parole, et nous allons voir s'il s'acquittera bien de ce qu'il m'a promis. »

Comme Cleante estoit un homme fort enjoüé, et qui divertissoit fort les compagnies où il estoit, ils passerent tous avec empressement dans la salle où on les attendoit : elle estoit toute tendue de deuïl, et remplie d'écussons aux armes du défunt. Cleante n'eust pas plutost appris que toute la compagnie avait pris place qu'ayant pris une robe noire, il monta en chaire avec un serieux qui fit rire toute l'assemblée. Il commença de la sorte.

ORAISON FUNÈBRE

DE MOLIÈRE

« Ma femme est morte, je la pleure si elle vivoit, nous nous querellerions; » acte premier de *l'Amour médecin*, de l'autheur dont nous pleurons aujourd'huy la perte.

Quoy qu'il semble que ces paroles ne conviennent pas au sujet qui m'a fait monter dans cette chaise, il faut pourtant qu'elles y servent, je sçaurai les y accommoder, et je suivray en cela l'exemple de bien d'autres. Repetons-les donc encore une fois, ces paroles, pour les appliquer au sujet que nous traitons : « Ma femme est morte, je la pleure; si elle vivoit, nous nous querellerions. « Molière est mort, plusieurs le pleurent, et s'il vivoit, ils luy porteroient envie. Il est mort, ce grand reformateur de tout le genre humain; ce peintre des mœurs, cet introducteur des Plaisirs, des Ris et des Jeux; ce frondeur des vices, ce redoutable fleau de tous les Turlupins, et pour tout renfermer en un seul mot, ce Mome de la terre, qui en a si souvent diverty les Dieux. Je ne puis songer à ce trépas sans faire éclater mes sanglots. Je voy bien toutefois que vous attendez autre chose de moy que des soûpirs et des larmes; mais le moyen de s'empescher d'en répandre un torrent! Que dis-je, un torrent! Ce n'est pas assez. Il en faut verser un fleuve. Que dis-je un fleuve! Ce seroit trop peu, et nos larmes devroient produire une autre mer. Non, Messieurs, il n'est pas besoin du secours de l'art, pour vous faire voir ce que vous perdez; la douleur est plus éloquente, plus éloquente, plus éloquente enfin.....

plus éloquente.... Vous entendez bien
ce que cela veut dire, et cela suffit.

Il faut passer à la division des parties
de cet éloge, dont le pauvre défunt ne
me remerciera pas ; mais, avant d'entrer
dans cette division, faisons une pose utile
à nos santez, toussons, crachons et nous
mouchons harmonieusement. Il faut
quelquefois reprendre haleine ; c'est ce
qui nous fait vivre.

La musique a, dit-on, quatre parties ;
mon discours n'en aura pas moins. Molière autheur, et Molière acteur en feront
tout le sujet. Ce ne sont que deux points,
me direz-vous ; vous avez raison, mais
on en peut facilement faire quatre, et
voicy comment. Molière autheur fera
deux points ; c'est-à-dire que je parleray
dans le premier de la beauté de ses ouvrages, et dans le second des bons effets
qu'ils ont produits, en corrigeant tous les
impertinens du royaume. Molière acteur me fournira aussi la matière de deux
points, et je feray voir que non-seulement
il joüoit bien la comédie, mais encore

qu'il sçavoit bien la faire joüer. Voilà, si je compte bien, mes quatre points tout trouvez ; si je les traite bien, vous ne me trouverez pas trop longs, mais si je vous ennuye, ce sera trop de la moitié.

Passons donc au premier, et parlons de la beauté des ouvrages du défunt. Je ne crois pas qu'il soit nécessaire de vous en entretenir long-temps ; peu de gens en doutent, et ceux qui n'en sont pas persuadez, ne méritent pas d'estre desabusez. En effet, Messieurs, si l'art qui approche le plus de la nature est le plus estimé, ne devons-nous pas admirer les ouvrages du défunt ? Les figures les plus animées des tableaux de nos plus grands peintres ne sont que des peintures muettes, si nous les comparons à celles des ouvrages de l'autheur, dont j'ai entrepris le panégyrique. Quelle fécondité de génie sur toutes sortes de matières ! Que n'en tiroit-il point ! Vous l'avez veu, et vous sçavez qu'il est inépuisable sur le chapitre des Médecins et des Cocus. Mais passons outre, et ne rouvrons point les playes de ces Messieurs. Finissons donc ce point, en disant que le defunt n'estoit pas seulement un habile poëte, mais encore un grand philosophe ! Philosophe, me direz-vous, Philosophe ! Un Philosophe doit-il chercher à faire rire ? Démocrite en estoit un, chacun le sçait, et cependant il rioit toujours. C'étoit trop, il faut quelquefois pleurer. Pleurons donc, puisque c'est aujourd'huy un jour de pleurs. Pleurons tous, pleurons, remplissons nos mouchoirs de larmes. Pendant que vos pleurs couleront, je vais essuyer les miennes, et par ce moyen reprendre haleine pour commencer mon second point.

Je vous ai promis, Messieurs, de vous faire voir, dans le second point de cet éloge funèbre, de quelle utilité les ouvrages du défunt ont esté au public; mais avant de vous le prouver, il est à propos de vous parler de tous ceux contre lesquels il a écrit. Il a joüé les Jeunes, les Vieux, les Sains, les Malades, les Cocus, les Jaloux, les Marquis, les Villageois, les Hipocrites, les Imposteurs, les Campagnards, les Pretieuses, les Fâcheux, les Avocats, les Ignorants, les Procureurs, les Misantropes, les Medecins, les Apothicaires, les Chirurgiens, les Avares, les Bourgeois qui affectent d'estre de qualité, les Philosophes, les Autheurs, les Provinciaux, les Faux braves, les grands Diseurs de rien, les Gens qui n'aiment qu'à contredire, les Coquettes, les Joüeurs, les Donneurs d'avis, les Uzuriers, les Sergens, les Archers, et tous les Impertinens enfin, de tout sexe, de tout âge et de toute condition. Que tous ces noms m'ont altéré ! Je n'en puis plus, et si je ne buvois à vostre santé, je ne pourrois pas achever ce que j'ay entrepris.

Je puis présentement continuer, et je sens que je me porte assez bien. Disons donc que tous ceux que notre autheur a joüez luy ont obligation. En faisant voir des portraits de l'Avarice, il a fait honte aux avares, et leur a inspiré de la liberalité. En rendant ridicules ceux qui

rencherissent sur les Modes, il les a rendus plus sages. Ah ! combien de Cocus
a-t-il empeschez de prendre leurs gands
et leur manteau, en voyant entrer chez
eux les galants de leurs femmes ? Combien a-t-il fait changer de langage pré-
tieux, aboly de turlupinades ? Combien
a-t-il redressé de Marquis à gros dos ?
Combien a-t-il épargné de sang à toute
la France, en faisant voir l'inutilité des
fréquentes saignées ? Combien de médecines amères a-t-il empesché de prendre ? Et combien aussi a-t-il guery de
foux ? Quoy que tous ceux que je viens
de nommer ayent obligation au défunt,
toute la France luy est obligée en général de l'avoir tant fait rire. Le rire,
Messieurs, est une chose merveilleuse,
et dont l'utilité est d'une utilité.... Vous
l'allez voir par mon raisonnement. Le rire
délasse ceux qui travaillent du corps, il
réjoüit l'esprit des gens de lettres, et dé-
fatigant ceux qui sont occupez aux grandes affaires, il est mesme utile aux Monarques. Puisqu'il est utile, la comédie

la doit estre ; si la comédie est utile, les
comédiens le sont; si les comédiens sont
utiles, les autheurs le sont encore davantage ; si les autheurs le sont, Molière
a dû l'estre beaucoup, et s'il l'a esté,
nous devons pleurer sa perte. Pleurons-
la donc, Messieurs, pleurons-la ; mais
pendant que nous la pleurerons, écou-
tons ces violons qui la pleurent aussi.
(*Les violons joüent languissamment.*)

C'est assez, Messieurs, c'est assez; la
manière de jouer de cet inimitable acteur me réveille, et puisqu'elle fait le
sujet de mon troisième point, il faut que
j'en parle sans attendre davantage. Les
Anciens n'ont jamais eu d'acteur égal à
celuy dont nous pleurons aujourd'hui la
perte, et Roscius, ce fameux comédien
de l'antiquité, luy auroit cédé le premier
rang s'il avoit vécu de son temps. C'est
avec justice, Messieurs, qu'il le méritoit;
il estoit tout comédien depuis les pieds
jusqu'à la teste ; il sembloit qu'il eût plusieurs voix, tout parloit en luy, et d'un pas,
d'un soûrire, d'un clin d'œil et d'un remüe-

ment de teste, il faisoit plus concevoir de choses que le plus grand parleur n'auroit pû dire en une heure. Ah ! qu'un si grand comédien méritoit bien d'avoir pour représenter ses ouvrages le Théâtre de Marcus Scaurus ! Ce Théâtre avoit sur sa hauteur trois cents soixante colonnes en trois rangs, les unes sur les autres, où les trois ordres estoient exactement observez. Le premier rang estoit de marbre, le second de verre, et le troisième tout brillant d'or. Les plus basses colonnes avoient trente-huit pieds de hauteur, et il y avoit entre ces colonnes trois mille statuës d'airain. N'est-ce pas avec raison que les beaux ouvrages de Molière méritoient un aussi beau Théâtre pour estre representez, et n'est-ce pas avec justice que... car, voyez-vous, Messieurs, si.... la raison.... vous sçavez que.... Viens au secours de ma mémoire, incomparable acteur, et puisque tu n'en as jamais manqué, donne-moy un peu de la tienne, aussi bien n'en as-tu que faire. Inspire-moy donc.... Ah ! Messieurs,

les voilà les œuvres de ce grand homme;
elles parleront mieux pour luy que je ne
le pourrois faire. Voilà tous les enfants
dont il est le père : ils sont cheris, ces
enfants, de tous les Princes du monde.
Ah ! belles œuvres, que vous estes esti-
mées par tout ! Et pour vous faire voir,
Messieurs, que je dis vray, les voilà en
françois, en italien, en espagnol, en
allemand, et par l'ordre du Grand-Vizir,
l'on travaille à les traduire en turc (1).

Ah ! pleurons la perte d'un si grand
homme, nous ne le pouvons trop regret-
ter ; mais réjouissons-nous plutôt de ce
qu'il estoit né chez nous, et de ce qu'il
vivra au Temple de Mémoire. Pleurons
de l'avoir perdu si jeune ; mais plutôt
que de perdre le temps à pleurer, pas-

---

(1) C'est une exagération. En 1673 il n'existait
encore de traductions de pièces de Molière que
dans la langue néerlandaise. *Le Mariage forcé* et
le Médecin malgré lui ont été traduits en turc,
seulement de nos jours. Voir la *Bibliographie
moliéresque* de M. Paul Lacroix, seconde édition, Paris, Auguste Fontaine, 1875, in-8, au chapitre **XVII**.

sons à notre dernier point, que je traitte en peu de paroles.

Il me sera facile, puisque j'y dois faire voir que notre illustre acteur excelloit dans l'art de bien joüer la comédie. Est-il quelqu'un qui n'en demeure pas d'accord, après avoir veu de quelle manière il faisoit joüer jusques aux enfans ? On voit par là que ce n'est pas sans raison qu'il disoit qu'il feroit joüer jusques à des fagots. Des fagots acteurs ! des fagots ! Oüy, Messieurs, et il en est à la comédie qui auroient besoin de luy pour les rendre plus utiles qu'ils ne le sont.

Ces veritez étant incontestables, voilà mon quatrième point finy ; mais je ne suis pas pour cela au bout de ma carrière ; il faut des récapitulations d'une partie de ce que j'ay dit, il faut tirer de la morale, il faut toucher les cœurs, il faut faire verser des larmes. Mais qui pourroit s'empescher d'en répandre après la perte d'un si grand homme ! Avec son esprit, il auroit pu tromper la Mort, si elle ne l'avoit point pris en traistre. Que dis-je, en traistre ? On ne sçait si la Mort l'a trompé, ou s'il a trompé la Mort; mais soit qu'il l'ait trompée, ou qu'elle l'ait surpris, il ne vit plus, ce grand homme. Ah! tristes comédiens, ou du moins qui devez l'estre, que tous vos Théâtres soient désormais aussi noirs que ma robe; n'y paroissez qu'avec des habits de deüil, que tous vos auditeurs le prennent, et que chacun continuë d'écrire à sa gloire, comme on a commencé. En voilà des preuves de toutes manières : voilà des épitaphes, voilà des sonnets, voilà des élegies, et voilà des éloges en prose. (*Il montre quatre grosses liaces de papiers.*) Auroit-on tant écrit si le défunt n'avoit eu du mérite? Oüy, Messieurs, il en avoit, et ses ennemis mesmes en sont toujours demeurez d'accord.

Il faut finir, Messieurs : mais que vois-je! Tant d'écussons aux armes du défunt réveillent ma douleur. Vous les voyez, Messieurs, ces armes parlantes qui font connoistre ce que notre illustre autheur sçavait faire. Ces miroirs montrent qu'il voyoit tout; ces singes, qu'il contrefaisoit bien tout ce qu'il voyoit, et ces masques qu'il a bien démasqué des gens, ou plutôt des vices qui se cachoient sous de faux masques (1). Ce grand peintre moral est maintenant avec les Dieux, qu'il est allé faire rire de leurs propres défauts. Momus a d'abord esté le recevoir, et vous allez voir ce qui s'est passé à leur entrevüe. Paroissez, Momus, paroissez, Molière, et satisfaites la curiosité de l'assemblée.

(Deux Marionnettes paroissent aux deux coins de la chaise.)

MOMUS.

Que nous sommes obligez à la Mort

(1) De ces trois armoiries, les premières, au moins, sont réelles. Trois miroirs de Vérité forment le blason de Molière, au bas de son portrait, dans les *Hommes illustres* de Charles Perrault. Nous l'avons fait reproduire.

Le blason aux singes est emprunté, peut-être, à l'enseigne de la maison où Molière vit le jour, à

de nous avoir envoyé l'illustre Molière,
dont le nom fait tant de bruit par tout
le monde !

MOLIÈRE.

Vous voyez, cher Momus, je viens voir
les Dieux, et j'ai voulu joüer la Mort,
afin qu'elle me prît, croyant se vanger,
et je l'ay trompée par ce stratagème.

MOMUS.

Vous ne me dites pas tout, vous vous
entendez avec la Mort, et vous venez
voir les défauts des Dieux, pour en aller
divertir les mortels.

l'angle de la rue Saint-Honoré et de celle des Vieilles-
Étuves. On l'appelait la *maison des Cinges,* d'un
poteau-enseigne qui en faisait l'encoignure, où
étaient taillés des singes secouant un arbre pour
en faire tomber les fruits qu'un vieux singe ramas-
sait. Lorsque cette maison fut démolie, vers 1800,
le poteau fut transporté au Musée des monuments
français, fondé par Alexandre Lenoir.

Pour les armoiries aux masques, elles ont pu
être suggérées à de Visé, comme les précédentes
d'ailleurs, par la profession du défunt.

MOLIÈRE.

Non, Momus, je ne puis plus retourner au monde.

MOMUS.

J'en suis fâché; car les Dieux ne m'estimeront plus, et vous les divertirez mieux que moy.

MOLIÈRE.

J'espère les bien divertir.

MOMUS.

Il faut du temps pour les bien connoistre.

MOLIÈRE.

Pas tant que vous pensez.

MOMUS.

C'est assez, vous pouriez vous échauffer. Loin de nous quereller, allez songer à nous unir, pour bien divertir les Dieux.

Ce dialogue vous a fait croire un mo-

ment que Molière n'estoit pas mort ;
mais il faut rouvrir vos playes, et vous
le faire voir sans parole et sans vie ; il
faut vous faire voir son tombeau. Has-
tez-vous. Est-il achevé ? Estes-vous
prests ? Faites-nous voir ce qui doit re-
nouveller nos douleurs.

*(On tire un rideau de deuil, et le mausolée
paroist.)*

Ah ! que voy-je ! Je ne puis sans mourir regarder cet illustre défunt. (*Il s'en-
fonce dans la chaise.*) Fuyons ces objets
funebres. (*Il se releve.*) Il faut pourtant
avoir un peu de fermeté, et regarder ce
tombeau. Tombeau, qui renfermez les
ris et les jeux ; tombeau, qui renfermez
la joye ; tombeau... tombeau... tombeau...
C'est un tombeau, Messieurs, et vous le
voyez bien. Tous les poëtes de l'antiquité remplissent ces niches, et les plus
comiques soûtiennent... Ah ! Messieurs,
je ne puis achever, quand je voy que les
yeux de cet illustre autheur sont fermez

pour jamais, je ne puis retenir mes lar-
més. Démocrite n'avoit jamais pleuré, et
vous voyez ce philosophe le mouchoir
à la main. Éphestion mourut de rire, et
cependant vous le voyez aujourd'huy
fondre en larmes auprès du tombeau du
défunt. Ah ! remplissons toutes ces urnes
avec l'eau de nos pleurs. Il nous en a
fait répandre de joie, versons-en de
douleur auprès de son tombeau ; hono-
rons-le de toutes manières. Riches, faites
faire des statuës à sa gloire. Beaux Esprits, apportez des ouvrages qui ne
chantent que ses loüanges. Et vous,
peuples, donnez-luy des larmes, si vous
ne les pouvez accompagner d'autre
chose. Il est mort, ce Grand Homme,
mais il est mort trop tost pour luy, trop
tost pour les siens, trop tost pour ses
camarades, trop tost pour les grands
divertissemens de son Prince, trop tost
pour les libraires, musiciens, danceurs
et peintres, et trop tost enfin pour toute
la terre. Il est mort, et nous vivons ;
cependant il vivra après nous, il vivra

toûjours, et nous mourrons; c'est le des-
tin des Grands Hommes.

Cette Oraison funèbre fut à peine
achevée, que chacun se leva, et donna
mille loüanges à Cléante, qui tourna luy-
mesme en plaisanterie ce qu'il venoit de
faire. Comme il estoit déjà tard, chacun
se retira bientost apres....

L'OMBRE DE MOLIÈRE

COMÉDIE EN UN ACTE

PAR

MARCOUREAU DE BRÉCOURT

1674 (1)

(1) Paris, Claude Barbin, in-12.

ACTEURS

DEUX OMBRES.
CARON.
LE POETE.
PLUTON.
RADAMANTE.
MINOS.
MOLIÈRE, poëte comique.
LA PRÉCIEUSE, de la comédie des *Précieuses*.
LE MARQUIS DE MASCARILLE, de la même comédie.
LE COCU, du *Cocu imaginaire*.
NICOLE, du *Bourgeois gentilhomme*.
POURCEAUGNAC, de la comédie de *Pourceaugnac*.
MADAME JOURDAIN, du *Bourgeois gentilhomme*.
QUATRE MÉDECINS, de la comédie des *Médecins* (1).
L'ENVIE.

La Scene est dans les Champs-Élysées.

(1) Comme nous le verrons encore à l'article d'Adrien Baillet sur Molière, les contemporains de celui-ci entendaient par la comédie des *Médecins* la petite pièce de *l'Amour médecin*, où les quatre premiers médecins de la cour, Desfougerais, Esprit, Guénaut et Daquin, étaient joués sous les noms de Desfonandrès, Bahys, Macroton et Tomès.

A SON ALTESSE SÉRÉNISSIME

MONSEIGNEUR

LE DUC D'ENGHIEN

—

Monseigneur,

Voicy l'Ombre de Molière ; c'est une comédie dont le bonheur sera parfait, si V. A. S. l'honore du moindre coup d'œil. Sans l'autorité que me donne un long usage (1), je ne hasarderois pas de mettre vostre illustre nom à la teste d'un livre, lorsqu'il va si glorieusement éclater à la

(1) Brécourt avait déjà dédié au même prince *la Noce de village* et *le Jaloux invisible.*

teste des armées. *Alexandre mettoit Homere sous son chevet ; Scipion et Lelic honorerent Terence de leur estime : mais sans le secours de ces exemples, il sufit de celuy de V. A. S. pour justifier que les armes et les lettres n'ont rien d'incompatible, et que le cabinet et le camp peuvent estre amis. Souffrez donc, MONSEIGNEUR, que les œuvres de* MOLIÈRE *tiennent quelque rang dans vostre bibliotheque, et que ma comedie soit une espece de Table pour les siennes.*

De V. A. S.

MONSEIGNEUR,

Le tres-humble et tres-obéissant serviteur,

BRECOURT.

PROLOGUE

DE

L'OMBRE DE MOLIÈRE

ORONTE, CLEANTE.

ORONTE.

Point, vous dis-je? C'est une raillerie qu'on vous a fait de moy.

CLEANTE.

Je vous dis que je suis seur de la chose.

ORONTE.

C'est quelqu'un qui a voulu se divertir à mes dépens, vous dis-je.

CLEANTE.

Ah! que vous êtes réservé!

ORONTE.

Mais que vous êtes folâtre avec vostre comedie! C'est bien à moy à entreprendre

de ces ouvrages : non, non, Cleante, je me
connois, et si parmi mes amis je me laisse
aller à produire quelque épigramme, quelque madrigal, ou de semblables bagatelles,
croyez que cela ne m'a point donné assez
bonne opinion de moy pour entreprendre
un ouvrage que l'on puisse appeler comedie.
C'est un pas, à la vérité, que presque tous
les gens franchissent aisément, et il semble
qu'il suffise d'avoir fait à plusieurs reprises
une certaine quantité de médiocres ou de
méchans vers, pour se donner avec beaucoup
d'impunité le nom d'auteur ; et sous ce titre,
on hazarde librement un assemblage de
caractères bien ou mal fondez, d'incidens
amenez à force, et de galimatias redoublez,
que l'on baptise effrontément du nom de
comédie. Voilà par où plusieurs honnestes
gens ont échoué dans le monde ; et sur leur
exemple, je ne hasarderay point, mon cher
Cleante, de perdre un peu d'estime que
d'autres talens que la poesie m'ont acquise.
Quand on peut faire quelque chose de mieux
qu'une méchante piece, on ne doit point
travailler à cet ouvrage ; et quoy qu'on en-
treprenne, si l'on ne peut y réussir parfaite-
tement, il vaudroit encore mieux ne rien
faire du tout.

CLEANTE.

Je vous trouve admirable, Oronte, avec tous ces justes et beaux raisonnemens! Mais ce qui m'en plaît le plus, c'est de vous voir si bien condamner aux autres une demangeaison dont vous n'avez pû vous défendre. Ouy, morbleu, je vous dis que vous avez fait une comedie.

ORONTE.

Moy?

CLEANTE.

Vous l'avez donnée à étudier déjà.

ORONTE.

Encore.

CLEANTE.

C'est une petite pièce en prose.

ORONTE.

Bon.

CLEANTE.

Et les comédiens qui la représenteront sont cachez là haut dans vostre chambre, pour la répéter aujourd'huy. Là, rougissez à present qu'on vous met le doigt sur la piece. Hé?

ORONTE.

Comment avez-vous sceu cela ?

CLEANTE.

Ah ! comment je l'ay sceu ? Que me don-
nerez-vous, et je vous le diray ?

ORONTE.

Hé, de grace, dites moy qui m'auroit pû
trahir ? C'est une chose que je n'ay confiée
qu'à mon frère et à ma femme.

CLEANTE.

Socrate se repentit d'avoir dit son secret
à la sienne : mais ce n'est point de la vostre
dont j'ay appris cecy ; et pour vous tirer
d'inquiétude, sçachez que le hazard et vostre
peu de soin, m'ont appris que vous aviez
fait une comédie. Vous connoissez vostre
écriture apparemment, puisque je la connois
aussi. Tenez : L'OMBRE DE MOLIERE,
petite comédie en prose. Eh ?

ORONTE,

Ah ! Cleante ! je vous l'avoue, puisque
vous le sçavez : je m'y suis laissé aller ;
il est vray, vous tenez mon ouvrage. C'est
une petite piece de ma façon, et vous êtes
trop de mes amis, pour ne vous le pas dire.

CLEANTE.

Ah ! je vous suis trop obligé vrayment,
et vous m'avez confié ce secret de trop bonne
grace pour ne pas vous en pas témoigner
ma reconnoissance.

ORONTE.

Que vous estes fou ! Donnez donc. C'est
une bagatelle que je n'ay pas jugé digne
d'entrer dans vostre confidence ; et pour
vous le dire franchement, c'est l'effet de
quelques heures de mélancolie qui m'ont
fait griffonner ce petit ouvrage. Vous sçavez
que j'estimois Moliere, et cette piece n'est
autre chose qu'un monument de mon amitié
que je consacre à sa mémoire. La manière
dont il paroît dans ma comédie, le represente naturellement comme il étoit, c'est-
à-dire, comme le censeur de toutes les
choses déraisonnables, blâmant les sottises,
l'ignorance, et les vices de son siecle.

CLEANTE.

Il est vray qu'il a heureusement joué
toutes sortes de matières, et son théatre
nous a servi long-temps d'une divertissante
et profitable école.

ORONTE.

Il estoit dans son particulier ce qu'il paroissoit dans la morale de ses pieces, honnête, judicieux, humain, franc, genereux ; et même malgré ce qu'en ont crû quelques esprits mal faits, il tenoit un si juste milieu dans de certaines matieres, qu'il s'éloignoit aussi sagement de l'excès, qu'il sçavoit se garder d'une dangereuse médiocrité. Mais la chaleur de nostre ancienne amitié m'emporte, et je m'aperçois qu'insensiblement je ferois son panegyrique, au lieu de vous demander quartier. J'ay plus besoin de grace, que sa memoire de louange : c'est pourquoy, cher Cleante, je vous redemande ma piece. Mais puisque vous estes icy, honorez-la de vostre attention, et ne la regardez, je vous prie, que comme une chose que j'ay dédiée à la seule mémoire de mon ami.

CLEANTE.

Allez, Oronte, quelque chose que ce soit, le seul sentiment qui vous l'a fait entreprendre, vous doit assurer de la réussite de vostre ouvrage, et rien n'est plus honneste à vous, que de montrer au public avec quelle justice vous estimiez un si grand homme.

ORONTE.

Ne me faites pas rougir davantage, Cleante, et venez seulement donner vostre avis sur nostre répetition.

Fin du prologue.

L'OMBRE

DE

MOLIÈRE

SCENE PREMIERE

*Le Theatre s'ouvre par DEUX OMBRES, qui,
en dansant, apportent chacune un morceau de
tout ce qui peut former un tribunal; et après
l'avoir dressé, elles se disputent un balay pour
nettoyer ce lieu où Pluton se doit venir rendre
bientost.*

PREMIERE OMBRE.

Donne, donne-moy ce balay.

DEUXIEME OMBRE.

Je n'en feray rien, c'est à moy à balayer
icy : Pluton y va venir, et je veux que tout
soit net et propre comme il faut.

PREMIERE OMBRE.

Ouy, mais je te dispute cet honneur :
cela m'appartient mieux qu'à toy.

DEUXIEME OMBRE.

Et par quelle raison ?

PREMIERE OMBRE.

Par la raison que quand j'étois en l'autre
monde, je me suis si bien acquitté de mon
employ, que je mérite bien en celuy-cy
l'honneur de l'exercer encore.

DEUXIEME OMBRE.

Et quel mérite avois-tu plus que moy en
l'autre monde ? N'étions-nous pas laquais
tous deux?

PREMIERE OMBRE.

Ouy, mais il y a laquais et laquais.

DEUXIEME OMBRE.

Et qu'as-tu à me reprocher ? N'ay-je pas
fidellement servi tous les maîtres à qui j'ay
été ?

PREMIERE OMBRE.

Ay-je manqué en rien, moy, à tout ce que
les miens m'ont commandé ? Et quand je
servois, par exemple, cet illustre et fameux

tailleur, m'a-t-on jamais veu luy friponner la moindre guenille des choses qu'il déroboit?

DEUXIEME OMBRE.

Et quand je servois, moy, mon petit grison de procureur, m'a-t-on jamais veu abuser des secrets qu'il me confioit, ny réveler aucune des friponneries qu'il faisoit à ses parties?

PREMIERE OMBRE.

M'a-t-on veu manquer jamais à la fidélité que j'ay dûe à une maistresse coquette que je servois, ny avertir son mary que je portois tous les jours des billets doux à ses galans?

DEUXIEME OMBRE.

Et durant les quatre années que j'ay servy ce fameux empirique, m'a-t-on jamais ouy dire le moindre mot des poisons qu'il composoit, et de toutes les vies qu'il vendoit par ce moyen au plus offrant et dernier encherisseur?

PREMIERE OMBRE.

Tout beau; le secret de faire mourir les gens a quelque rapport avec la medecine, et nous ne serions pas bien venus à enfiler

ce discours. Nous nous échaperions peut-
estre à parler contre les medecins en parlant des morts. Tu sçais que ces Messieurs
sont un peu vindicatifs, et que depuis quelque temps sur tout, nous en avons icy qui
ne preschent que la vengeance de ceux qui
n'ont pas voulu mourir par leur mains. Et
s'il arrive que nostre grand Pluton leur
accorde quelque empire en ces lieux, comme
ils le prétendent, ils pourroient bien éten-
dre leur colere jusques sur nous, pour
n'avoir pas parlé d'eux avec tout le respect
qu'ils attendent. C'est pourquoy nous ferons
mieux de nous taire.

DEUXIEME OMBRE.

A propos, c'est donc pour ces Messieurs
que la Fête se fait, et que nous venons tout
préparer icy ?

PREMIERE OMBRE.

Je ne sçay si c'est pour d'autres, ou pour
eux ; mais je sçay bien que Pluton s'y doit
rendre bientost pour juger une grande
affaire. C'est pourquoy, si tu m'en crois, au
lieu de quereller, et de disputer de nos
avantages, nous prendrons chacun un balay,
et nous nettoyerons ensemble pour avoir

plutost fait. Aussi bien je voy trop d'ordure icy pour un seul balayeur.

DEUXIEME OMBRE.

Tu as raison ; mais j'entens du bruit : seroit-ce déja Pluton ?

PREMIERE OMBRE.

Attens : non, non ce n'est pas luy encore : c'est Caron avec le Genie du poëte Doucet (1). Je crois qu'ils n'auront jamais finy leur querelle.

DEUXIEME OMBRE.

A qui en a Caron aussi de tourmenter incessament ce pauvre Genie ?

PREMIERE OMBRE.

Il faut bien qu'il luy ait fait quelque chose.

(1) Type populaire de niais, formé sur l'original du paysan Jean Doucet, dont les naïvetés avaient amusé Louis XIII. Voir Tallemant des Réaux, éd. P. Paris, t. VII.

SCENE II

CARON, LE POETE, LES DEUX OMBRES.

CARON.

Que font là ces coquins ? Allons, tout est-il net ?

PREMIERE OMBRE.

Ouy, messieurs, et vous pouvez quereller icy fort proprement.

CARON, *au poëte.*

Quoy ! tu ne me laisseras pas en repos ? Veux-tu te retirer ?

LE POETE.

Helas, Caron, helas !

CARON, *le raillant sur le même ton.*

Helas, Caron ! helas ! A qui diable en as-tu avec tes piteux helas ?

LE POETE.

Quoy ! me laisser secher ainsi dans les Champs-Elisées ? N'as-tu point quelque endroit à me mettre, et dois-je rester parmy les ombres errantes ?

CARON.

Et où veux-tu que je te fourre, malheu-
reux genie que tu es ? Veux-tu que je te
mette parmy les poëtes ? Cela est indigne
de ton merite. Que je t'aille nicher aussi
parmy les heros ? Ma foy, tu les as un peu
trop bien accommodez, pour croire qu'ils
s'accommodassent de toy.

LE POETE.

Et quel outrage leur ay-je fait ?

CARON.

Ce que tu leur as fait ? Ma foy, tu les as
fait de fort jolis garçons ; et principalement
les heros grecs ont grand besoin de se louer
de toy. Tu les as si bien barbouillez, qu'ils
n'ont plus besoin de masques au carnaval
pour se déguiser.

LE POETE.

Que tu fais le plaisant mal-à-propos !

CARON.

Tu as raison, mais ce n'est que depuis
que nous nous voyons. Ce faquin, sans me
connoistre, m'a si bien traduit en diseur de
bons mots, que l'on me chante en l'autre

monde comme un operateur grotesque, moy qui à force d'entendre des lamentations, dois estre triste comme un bonnet de nuit sans coëffe. Hé bien ! tenez, ne voilà-t-il pas encore ? Un bonnet de nuit sans coëffe ! Depuis que je connois cet animal, je ne dis que des sottises. Il me prend envie de te mettre aux mains avec Virgile, il t'apprendra à me connoistre.

LE POETE.

Helas, Caron, helas !

CARON.

Encore ? Ma foy, je te bailleray de ma rame sur les oreilles.

LE POETE.

Peux-tu traiter avec tant de rigueur un genie qui a passé pour la douceur même ?

CARON.

Hé, tu n'étois que trop doux, mon enfant, et un peu de sel t'auroit fait grand bien. Mais je suis las de t'entendre ; nous avons bien d'autres affaires ; adieu, va te promener. Ne vas pas gâter nos belles allées au moins, ny t'amuser à cueillir nos lauriers. Ce n'est pas viande pour tes oiseaux.

LE POETE.

Où veux-tu donc que j'aille?

CARON.

Promene-toi sur l'égout ; et si la faim te
prend, on te permet de manger quelques
chardons pour te rafraîchir la bouche.

LE POETE.

Helas ! Car....

CARON.

Ah, le bourreau ! Tu ne sortiras pas ?
Allons, balayeurs, faites vôtre charge. Voicy
Pluton, et cet animal n'a que faire icy.

*(Les Ombres chassent le poële avec les manches
de leurs balays.)*

SCENE III

PLUTON, RADAMANTE, MINOS,
L'ENVIE, CARON.

PLUTON, *assis dans son Tribunal.*

Ça, il est donc question de rendre justice
aujourd'huy. Fais venir l'accusé, Caron, et

que l'Envie ameine les complaignans. Nous avons donc bien des affaires, Messieurs ?

RADAMANTE.

Sans doute, et il nous est arrivé aujour-d'huy une ombre qui nous va bien donner de la besogne.

MINOS.

Ce ne sera pas une bagatelle que cette affaire-cy.

PLUTON.

Comment ?

MINOS.

Je vais vous instruire de tout, afin que vous n'ayez pas la peine tantost d'interroger les parties. Il y avoit autrefois là-haut un certain homme qui se mesloit d'ecrire, à ce qu'on dit ; mais il s'étoit rendu si difficile, que rien ne luy sembloit parfait. Il se mit d'abord à critiquer les façons de parler particulieres ; ensuite il donna sur les habillements ; de là il attaqua les mœurs, et se mit inconsidérément à blâmer toutes les sottises du monde. Il ne put jamais se résoudre à souffrir tous les abus qui s'y glissoient. Il dévoila le mystere de chaque chose, fit connoistre publiquement quel interêt faisoit agir les hommes, et fit si bien enfin, que par les lumieres qu'il en donnoit, on commençoit de bonne foy à trouver presque toutes les choses de la vie un peu ridicules. Il n'y eut pas jusqu'à la medecine même qui n'eut part à sa censure, et ce fut une des choses qu'il toucha le plus souvent, et il sçut si bien réussir en cette matiere, que pour peu qu'il l'eust traitée encore, il y auroit eu lieu de craindre pour les medecins qu'ils n'eussent accomply pour une seconde fois quelque petit bannissement de six cens années (1).

PLUTON.

Cela nous auroit fait grand tort.

MINOS.

Et c'est son arrivée icy qui cause cette audience, qui sans doute ne sera pas sans difficulté. Chacun prétend avoir sujet de se plaindre de luy, qui prétend n'avoir offensé personne ; au contraire, de la maniere dont il parle, il semble que tout le monde luy soit obligé, et même il en donne d'assez bonnes raisons, et voilà qui est embarrassant.

(1) Allusion à une prétendue interdiction de l'entrée de la Rome antique aux médecins grecs.

PLUTON.

Tu l'as donc vu ?

MINOS.

Je viens de l'entretenir il n'y a qu'un moment.

PLUTON.

Où l'as-tu laissé ?

MINOS.

Dans l'allée des poëtes, où il a trouvé
l'esprit de Terence et de Plaute avec qui il
se divertit.

PLUTON.

Il faudra entendre les raisons de chacun.
Qu'on les fasse venir ; mais faites-les moy
paroistre sous les mêmes figures qu'ils
avoient en l'autre monde, afin de les mieux
discerner.

RADAMANTE.

Voicy déjà l'accusé que Caron nous
ameine.

PLUTON.

Où sont les complaignans ?

MINOS.

L'Envie les doit conduire icy.

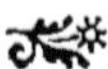

SCENE IV

MOLIERE, CARON, PLUTON, RADAMANTE, MINOS.

CARON.

Je n'y puis plus tenir. Jamais il ne s'est veu tant d'ombres en un jour, et la porte va rompre, si vous n'y donnez ordre.

TOUTES LES AMES.

Caron....

CARON.

Entendez-vous comme on m'appelle ? Dès qu'ils ont veu que je faisois entrer cette ombre, ils ont pensé me dévorer.

TOUTES LES AMES.

Caron....

CARON.

On y va. Ordonnez donc ce que vous voulez que je laisse entrer.

TOUTES LES AMES.

Caron....

PLUTON.

Hé ! patience. Qui sont-ils tous ces gens-là ?

CARON.

Ce sont des precieuses, des bourgeoises, des marquis ridicules, des femmes sçavantes, des avares, des hypocrites, des jaloux, des cocus, et des medecins.

PLUTON.

En voilà trop pour un jour. Qu'il n'en vienne qu'une partie.

CARON.

J'oubliois encore un Limousin, dont l'esprit est assez materiel pour servir de corps en un besoin.

PLUTON.

Fais-les entrer selon le rang qu'ils auront à la porte. Radamante, prens le rôle pour écrire les noms des complaignans. Çà, qui est celle-cy ?

SCENE V

LA PRECIEUSE, CARON, PLUTON, MOLIERE, MINOS, RADAMANTE.

CARON.

Vous l'allez reconnoistre à son langage.

LA PRECIEUSE.

Grand Monarque des sombres habitations, plaise aux Destins que vous prestiez attentivement le sens auriculaire de vostre justice aux éloquentes articulations de nos clameurs, et que par le triste visage de nostre ame, vous puissiez estre pénetré de nos unanimes sentimens.

PLUTON.

Quel langage est-ce là ?

CARON.

C'est le franc précieux.

PLUTON.

Voilà un beau jargon, vrayment ! Ecoutons.

LA PRECIEUSE.

La surprenante horreur de nostre acca-
blement coustera sans doute quelque éga-
rement à la grandeur de vostre ame. Vous
voyez à vos genoux une addition de precieuses qui vous en represente le corps,
pour faire pencher en leur faveur l'équilibre
de vostre justice contre le materiel échape-
ment de ce chronologiste scandaleux. Bien
que la vengeance ne soit pas d'une ame du
premier ordre, lorsque l'outrage a pris le
vif, c'est une foiblesse de se laisser aller aux
tendres émulations d'une pitié séduite par
les vaines erreurs de l'ostentation.

PLUTON.

Ma foy, je n'y entens goute.

LA PRECIEUSE.

La ferocité de cet esprit sauvage a si bien
donné la chasse au gibier de nostre élo-
quence, que l'indigestion de nos pensées
n'ose plus trouver le supplément de nos
expressions. Il nous a si bien atteintes du
crime d'absurdité, que nous en paroissons
presque convaincues par tout le pied-d'estal
du bas monde. Pardonnez, Grand Monarque,
si j'ose vous parler si vulgairement, et si

toutes nos pensées ne sont pas revêtues
·d'expressions nobles et vigoureuses.

PLUTON.

Hé, il n'y a point de mal à cela; au contraire, on ne se pique pas icy de beau langage. Dites un peu naturellement vostre
affaire; car, foy de Dieu d'icy-bas, je n'y ay
rien compris encore.

LA PRECIEUSE.

Se peut-il faire que vostre noire Majesté
ait la forme si enfoncée dans la matiere ?

PLUTON.

Ma foy, je ne vous entens pas.

LA PRECIEUSE.

Quoy ! la dureté de votre compréhension
ne peut être amollie par le concert éclatant
des rares qualitez de vos vertus sublimes ?

PLUTON.

Je ne sçay ce que c'est que tout cela ; mais
j'auray soin de vous rendre justice. Passez
sur les ailes de mon trosne.

LA PRECIEUSE.

Quoy, monarque enfumé, vous répandrez

de vos propres bontez sur le gemissement de nos altercations ?

PLUTON.

Cela se pourra bien ; mais laissez-nous un peu travailler à d'autres jugemens. Minos, écris-la sur le rôle, et me fais ressouvenir de tout ce qu'elle a dit. Allons, que répons-tu à cette accusation ?

MOLIERE.

Rien ; et cette matière est indigne de moy.

PLUTON.

Hé bien, que quelqu'autre entre donc ; on jugera tout ensemble.

CARON.

Allons, que le plus proche de la porte vienne.

SCENE IV

LE MARQUIS, CARON, PLUTON, MINOS, RADAMANTE, MOLIERE.

PLUTON.

Ça, qui est celuy-cy ?

LE MARQUIS, *à Moliere sur un ton de fausset.*

Ah parbleu ! mon petit monsieur, je suis bien aise de vous trouver icy.

MOLIERE.

Qui es-tu, toi, pour me parler ainsi ?

LE MARQUIS.

Je suis un de ces marquis, mon amy, que vous tournez en ridicule.

MOLIERE.

Et où sont les grands canons que je t'avois donnez ?

CARON.

Ils sont restez à la porte, qui estoit trop étroite pour les faire passer.

PLUTON.

Çà, que demandez-vous ?

LE MARQUIS.

Je demande justice pour mes rubans, mes plumes, ma perruque, ma calèche et mon fausset, qu'il a jouez publiquement.

PLUTON.

Que répons-tu ?

MOLIERE, *chagrin.*

Rien.

PLUTON.

Aux autres ; passez, on vous jugera à loisir.

CARON, *à l'entrée de la porte.*

Arrestez donc, vous n'entrerez pas.

PLUTON.

Qu'est-ce ?

CARON.

C'est le plus fascheux de tous nos morts. Un chasseur qui s'est cassé la teste sur son cheval alezan, et qui ne parle à tout le monde que de gaulis, de gigots, de pieds, de croupe, et d'encolure (1).

PLUTON.

Fais donc venir qui tu voudras. Je commence à me lasser de tout cecy.

CARON.

Entrez, vous.

PLUTON.

Ça, qu'est-ce encore que cette grosse ombre-cy ?

(1) Le Dorante, c'est-à-dire le Grand-Veneur, M. de Soyecour, des *Fâcheux.*

CARON.

C'est l'ombre d'un cocu.

PLUTON.

L'ombre d'un cocu ? Il faut que ce soit un corps ! Parle, que veux-tu ?

SCENE VII

LE COCU IMAGINAIRE, MOLIERE, PLUTON, CARON, MINOS, RADAMANTE.

LE COCU.

Vous voyez en ma seule ombre tout le corps des cocus ; vous les voyez icy en moy, dis-je, affligez, outragez, et tout contrits des affronts publics que ce grand corps a receus depuis que malicieusement cet ennemi juré de nostre repos nous a rendu le jouet de tout le monde. Il n'est presque aucun mary qui n'ait senty les traits picquans de sa satyre, et depuis qu'il s'est mêlé d'annexer le cocuage à de certains maris, il se voit peu de familles où l'on ne soit persuadé de trouver des cocus de pere en fils. Ce soupçon outrageant est devenu par son moyen comme un titre de maison, et il en a excepté si peu de gens, que si je ne parle pour tout le monde, il ne s'en faut gueres du moins. Voilà de quoy se plaint nostre illustre corps, qui avant sa scandaleuse médisance, vivoit dans l'état de la premiere innocence. Chacun vivoit content de sa petite réputation, le scandale ne regnoit point publiquement comme il fait, et si l'on avoit le malheur d'estre cocu, on avoit du moins la douceur de l'estre en son petit particulier. Mais depuis qu'il a devoilé les mysteres secrets, ce n'est plus par tout qu'une gorge chaude des pauvres maris. On en va à la moutarde, et plusieurs honnestes gens mesme ont pris en dot le titre de cocus, en signant leur contrat de mariage. Si la discrétion des notaires n'étoit grande, quelqu'un de ces messieurs en pourroit parler avec beaucoup de seureté. Voilà le desordre et le déreglement qu'il a mis en l'autre monde, dont nous demandons en celuy-cy justice, vengeance, et réparation.

PLUTON, *à Molière.*

Qu'avez-vous à dire là-dessus ?

MOLIERE.

Rien ; je passe condamnation pour les cocus, et j'ay trop mal réussi dans cette affaire pour me pouvoir défendre. Quelque soin que j'aye pris de faire horreur du cocuage, j'avoue de bonne foy que c'est un vice dont je n'ay pû corriger mon siecle.

PLUTON.

Minos, mets-le sur le rôle. Allez, on va vous écrire. Qu'est-ce ? Qu'y a-t-il de nouveau ?

SCENE VIII

CARON, PLUTON, MOLIERE, MINOS, RADAMANTE.

CARON.

Je ne sçay d'où nous est venue encore une plaisante espece d'ombre : mais je crois, si l'on pouvoit trépasser deux fois, qu'elle feroit mourir de rire tous les morts d'icy-bas.

6.

PLUTON.

Comment donc ?

CARON.

Elle rit de tout, et ne s'afflige de rien, pas mesme d'estre venue icy à la fleur de son âge.

PLUTON.

Cela est de bon sens ; y venir tost ou tard , c'est toûjours y venir, et comme l'usage de la mort est un peu de durée, on fait bien de s'y accoutumer de bonne heure. Mais qui est-elle, cette ombre ?

CARON.

Ce n'est qu'une servante.

PLUTON.

N'importe, fais-la entrer ; il faut entendre tout le monde.

CARON.

Allons, la rieuse, entrez.

SCENE IX

NICOLE, PLUTON, MOLIERE, MINOS,
RADAMANTE, CARON.

MOLIERE.

Ah ! c'est Nicole.

NICOLE, *riant à gorge déployée.*

Hé, ouy, c'est moy. Quand j'ay appris
que vous étiez icy, par ma figué, ay-je dit
en moy-même, il faut que j'aille voir ce
pauvre homme qui m'a tant fait rire en
l'autre monde.

MOLIERF.

Tu es donc bien aise d'estre en celuy-cy,
Nicole, puisque tu ris si fort ?

NICOLE.

C'est que vous m'avez appris à me moc-
quer de tout ; et puis, franchement, je ne
suis pas trop faschée d'être icy, et je ne
trouve point que la mort soit si dégous-
tante que l'on se l'imagine.

PLUTON.

Et d'où vient que tu t'accommodes si aisé-

ment d'une chose que les hommes trouvent
si peu aimable ?

NICOLE.

C'est que je ne me souciois gueres de
vivre.

PLUTON.

Quoy ! tu n'étois pas bien aise de voir la
lumiere ?

NICOLE.

Non, car je ne faisois tous les jours que
la même chose, dormir, boire et manger ;
et il me semble que le plaisir de la vie est
de changer quelquefois. A cette heure,
voulez-vous que je vous dise ? il y a une
certaine égalité parmi les morts qui ne me
déplaît pas. Je ne vois personne icy qui soit
plus grand seigneur l'un que l'autre, et j'ay
pensé étouffer de rire, quand j'ay rencontré
en venant mille sortes de gens qui se de-
sesperoient. Un riche banquier, pâle et
maigre, qui endévoit de s'estre laissé mourir de faim ; un amoureux qui s'étoit tué
pour une maistresse qui ne l'aimoit point ;
un alchimiste qui enrageoit d'avoir passé
sa vie en fumée ; mais entr'autres choses,
des dames qui pleuroient de me voir assise
auprès d'elles. D'autres qui s'affligeoient de

n'avoir plus de toilettes, de miroirs, et de petites boëtes. Il n'y a rien de plus plaisant que de les voir sans rouge, sans mouches, et sans cheveux, avec leur grand front chauve, leurs yeux creusez, et leurs joues décharnées ; vous les prendriez pour des Caresme-prenans. Enfin la plus belle et la plus laide se ressemblent comme deux gouttes d'eau.

PLUTON.

Il n'est pas question de cela. Qu'avez-vous à dire contre l'accusé ?

NICOLE.

Moy ? Par ma figué, je n'ay rien à dire contre luy, c'est une bonne ombre ; et tenez, Monsieur Pluton, c'est peut-estre la meilleure piece de vostre sac.

PLUTON.

Que voulez-vous donc ?

NICOLE, *riant*.

Monsieur, je viens vous prier....

PLUTON.

De quoy ?

NICOLE, *riant*.

Je viens vous prier, Monsieur.....

PLUTON.

Et là, dites-donc ?

NICOLE, *riant toujours.*

Je viens vous prier, Monsieur... de me...
laisser... de me laisser... de me laisser...

PLUTON, *la contrefaisant.*

Et moy, ma mie, je vous prie de nous
laisser... de nous laisser... de nous laisser...
de nous laisser en repos, s'il vous plaist.

NICOLE, *éclatant de rire.*

Monsieur, je vous prie... s'il vous plaist...
de m'accorder le plaisir... le plaisir de rire
tout mon saoul, de vous, et de vostre
royaume.

PLUTON.

Ostez-moy cette impudente. Qu'est-ce encore ? Je n'en veux plus entendre. Qu'on me
laisse en repos; l'audience est finie, et je
vais prononcer.

CARON.

Hé, c'est l'ombre de Pourceaugnac, ce
brave Limousin ; elle n'a qu'un mot à vous
dire.

PLUTON.

Hé bien, qu'il entre ! Ah ! quelle peine !
Ne sera-ce jamais fait

SCENE X

POURCEAUGNAC, PLUTON, MOLIERE, MINOS, RADAMANTE, CARON.

POURCEAUGNAC.

Grand Roy des morts, vous me voyez icy député de la part de tous les Limousins trépassez, qui vous demandent qu'il leur soit permis d'ajourner cette ombre leur partie par devant vous, à trois jours, pour se voir condamner à réparation d'honneur envers les Pourceaugnacs passez, presens et futurs, tant des affronts receus, que de ceux qu'ils recevront. A quoy je conclus.

PLUTON, à Molière.

Répondez.

MOLIERE.

Hé, Monsieur de Pourceaugnac, quel sujet avez-vous de vous plaindre de moy ? Si vous preniez bien les choses, ne me loueriez-vous pas, au lieu de me blasmer, d'avoir rendu votre nom aussi celebre que j'ay fait ? Car, dites-moy un peu, ne vous ay-je pas déterré du fond du Limousin, et à force de tourmenter ma cervelle, ne vous ay-je pas amené dans la plus illustre cour du monde? Raisonnons un peu de bonne foy, ne m'avez-vous pas quelque obligation de vous avoir fait faire un si beau voyage ?

POURCEAUGNAC.

Hé... ouy.

MOLIERE.

N'est-ce pas moy qui vous ay fait connoistre ?

POURCEAUGNAC.

D'accord.

MOLIERE.

Ne vous a-t-on pas veu avec beaucoup de plaisir ?

POURCEAUGNAC.

Cela est vray, car chacun rioit dès qu'on me voyoit.

MOLIERE.

Vous a-t-on jamais banni des lieux publics ?

POURCEAUGNAC.

Au contraire, on y donnoit de l'argent pour me voir.

MOLIERE.

Et enfin n'ay-je pas rendu vostre nom immortel par tout vostre royaume ?

POURCEAUGNAC.

Et comment immortel ?

MOLIERE.

Comment ? Et dès qu'il arrive en France quelqu'un qui ait tant soit peu de votre air, de vos gentillesses, et de vos petites façons de faire, fust-ce un prince, ne dit-on pas : Voilà un vray Pourceaugnac ? Et n'est-ce pas un honneur considerable pour vous et pour vostre province, que vostre nom quelquefois puisse servir d'une qualité aux gens de la plus haute naissance ?

POURCEAUGNAC.

Il a quelque raison au fonds.

MOLIERE.

Hé, prenons toujours les choses du bon côté ; n'allons point envenimer les intentions, et croyons tout à nostre avantage : je n'ay jamais rien fait qu'à vostre honneur et gloire, et serois bien fâché, Monsieur de Pourceaugnac, que les choses eussent tourné autrement.

POURCEAUGNAC.

Ma foy, après tout, je pense en effet que j'ay tort de m'estre fâché contre luy. Qu!

diantre sont les sottes ombres aussi qui s'avisent de me mettre des fariboles dans la teste ? Allez, vous estes des bestes : Monsieur est une honneste ombre, qui a pris la peine de me faire connoistre, et vous ne sçavez pas prendre les choses du bon côté. Monsieur, je suis fasché de tout cecy, et je vous demande pardon pour les ombres de Limoge. Je suis vostre valet, tout à vous, vostre serviteur et vostre ami. Je vais chercher mon cousin l'assesseur, et mon neveu le chanoine, afin que nous beuvions ensemble quelques verres d'oubli, pour ne nous plus souvenir du passé.

MOLIERE.

Adieu, Monsieur de Pourceaugnac.

PLUTON.

Messieurs, il est tard, et je vais lever siege.

SCENE XI

MADAME JOURDAIN, PLUTON, CARON, MOLIERE, RADAMANTE, MINOS.

MADAME JOURDAIN, *toute ésoufflée.*

Justice, justice, justice, justice, justice !

PLUTON.

Qui est-ce encore icy ? Je ne veux plus entendre personne, et je suis las de tant d'impertinentes plaintes. Pourquoy l'as-tu laissée entrer ?

CARON.

Elle a forcé la porte.

PLUTON.

Prens donc bien garde aux autres, et qu'il n'en entre plus. Je n'ay jamais tant veu de canaille en un jour. Çà, que demandez-vous ?

MADAME JOURDAIN, *d'un air chagrin et brusque.*

Ce que je n'auray pas.

PLUTON.

Que vous faut-il ? hé ?

MADAME JOURDAIN.

Il me faut ce qui me manque.

PLUTON.

Quelle nouvelle espece est-ce encore icy ?
Dites-nous donc ce que vous avez ?

MADAME JOURDAIN.

J'ay la teste plus grosse que le poing, et
si je ne l'ay pas enflée.

MOLIERE.

Ah ! c'est madame Jourdain, je la reconnois. Et comment estes-vous icy, madame
Jourdain ?

MADAME JOURDAIN.

Sur mes pieds, comme une oye.

PLUTON.

Ah, quelle femme !

MOLIERE.

Vous venez vous plaindre de moy, n'est-
ce pas, madame Jourdain ?

MADAME JOURDAIN.

Çamon, j'aurois beau me plaindre, beau
me plaindre j'aurois.

PLUTON.

Encore !

MOLIERE.

Madame Jourdain est un peu en cour-
roux.

MADAME JOURDAIN.

Ouy, Jean Ridoux.

PLUTON.

Courage. Hé bien, qu'avez-vous à me
dire?

MADAME JOURDAIN.

Ouy, qu'avez-vous à me frire?

PLUTON.

Diable soit la masque. Que l'on me l'ôte
d'icy, et que d'aujourd'huy personne ne me
parle. Je suis las de tous ces extravagans,
et me voilà dans une colere que je ne me
sens pas. Qu'est-ce encore? qu'y a-t-il? que
veut-on? seray-je toujours troublé, perse-
cuté, accablé d'affaires? Hé, quelle misere
est cecy? a-t-on jamais veu un dieu plus
fatigué que moy?

(Pluton se leve de son Tribunal.)

SCENE XII

CARON, PLUTON, MINOS, RADAMANTE.

CARON.

Grand Roy.....

PLUTON, *marchant en colere.*

Non, je crois que tout cet embarras me fera renoncer à mon empire.

CARON.

Ce sont.....

PLUTON.

Quoy ! sans repos !

CARON.

Il y a.....

PLUTON.

Sans plaisir !

CARON.

Ce sont.....

PLUTON.

Sans relâche ! Non, je ne veux plus rien

entendre. Que tout soit renversé, boule-
versé, sens dessus dessous, je n'écoute personne ; qu'on ne m'en parle plus.

CARON.

Ce sont des medecins qui viennent d'ar-
river, et qui voudroient vous demander un
moment d'audience.

PLUTON.

Des ?

CARON.

Des medecins.

PLUTON, *courant se mettre sur son tribuna..*

Des medecins ? Ho ! qu'on les fasse entrer :
ce sont nos meilleurs amis ; qu'ils viennent,
qu'ils viennent ! d'honnêtes gens à qui je
dois trop pour leur rien refuser. Ils ont
augmenté le nombre de mes sujets, et je
leur en dois sans doute une ample reconnoissance. Mais les voicy.

SCENE XIII

QUATRE MEDECINS, PLUTON, MINOS, MOLIERE, CARON, RADAMANTE.

MOLIERE.

Ha! voicy de mes gens. Ecoutons-les parler, et puis nous répondrons.

PLUTON.

Messieurs, soyez les bien venus. Vous
visitez un prince qui vous honore fort ; je
scay toutes les obligations que je vous ay,
et que dans ce vaste empire des morts vous
pouvez vous vanter avec raison d'y avoir
aussi bonne part que moy ; aussi en revan-
che de vos bons et fideles services, je ne
prétens pas vous rien refuser. Demandez
seulement.

PREMIER MEDECIN.

Grand monarque des morts, vous voyez
icy la fleur de vos plus fidelles pensionnaires.

DEUXIEME MEDECIN, *bredouillant.*

Jamais nous n'avons laissé échapper la

moindre occasion de vous donner des marques de nostre obéissance et fidelité.

PLUTON.

J'en suis persuadé. L'opium, l'émetique, et la saignée m'ont rendu témoignage que vous m'avez fidellement servi.

TROISIEME MEDECIN.

Nous avons fait notre devoir.

PLUTON.

Beaucoup de gens sont venus icy de vostre part, qui m'en ont asseuré.

QUATRIEME MEDECIN.

C'est avec plaisir que l'on sert un si grand monarque.

PLUTON.

Je vous suis obligé, et j'ay bien de la joye de vous voir. Ce n'est pas que vous ne m'eussiez esté encore un peu necessaires là-haut, et j'ay eu quelque chagrin quand les Parques m'ont dit que vous veniez icy mais je m'en suis néanmoins consolé lorsque j'ay appris que vous aviez laissé de grands enfans qui sçavoient assez bien leur métier, et que même il estoit déja venu icy quelques morts de leurs amis, qui en

avoient fait une experience fort raisonnable.
Mais que souhaitez-vous de moy ?

TROISIEME MEDECIN.

Nous venons vous demander justice d'un
témeraire qui prétend traiter la medecine
d'imposture et de charlatanerie.

PLUTON.

C'est donc quelqu'un qui la connoist.

QUATRIEME MEDECIN.

C'est une rage sans fondement, une simple
avidité de tout satiriser, et une animosité
envenimée par la seule envie d'écrire, et de
former des cabales contre nous.

MOLIERE, *à part.*

Je vous confondray dans peu, superbes
imposteurs.

TROISIEME MEDECIN.

Il s'est mesme déja glissé jusques dans
ces lieux une médisance secrette qui nous
regarde. Tous les morts semblent se liguer
contre nous ; il leur échappe des satyres
piquantes, et des injures calomnieuses
contre les medecins ; et nous venons icy,
grand monarque, vous remontrer humble-
ment, de la part de nostre illustre corps,

de quelle importance il est pour l'accrois-
sement de vostre empire, que vous répri-
miez l'audace et l'insolence de tous ces
morts.

PLUTON.

On apprendra à vivre à ces morts-là.
J'entens et je prétens qu'on vous regarde
comme les plus fermes appuis de mon Etat.
Mais qui sont ces morts-là qui ont l'impu-
dence d'aller gaster votre métier? Nommez,
nommez-les moi; j'en veux faire un bon
exemple.

QUATRIEME MEDECIN.

C'est un nombre infini de petits esprits
qui se sont laissez emporter au torrent, et
qui n'ont poussé leurs plaintes que comme
les échos qui répetent les peines des autres
sans les avoir senties. Mais c'est à l'autheur
de nos maux que nous en voulons ; c'est à
celuy qui, comme un nouveau Caton, s'est
venu déchaisner contre nous, et qui, après
le mépris évident qu'il a fait de nostre
illustre corps, a poussé son audace encore
jusqu'à nous tourner en ridicule, en nous
rendant la fable et la risée du public. C'est
cette ombre, en un mot, cet insolent fléau
de nostre faculté, dont nous vous demandons une vengeance authentique.

PLUTON, *à Moliere.*

Répondez.

MOLIERE.

C'est donc à moy à qui vous en voulez, Messieurs ? Vous demandez vengeance du mépris que j'ay fait de vostre illustre corps ; je vous ay tournez en ridicule ; je vous ay rendus la fable et la risée du public. Hé bien, il faut répondre et tracer plus naturellement vos traits, afin de vous bien faire connoistre. Pluton, je jure icy par le respect que je te dois, que ce n'est point contre ce grand art de la medecine que je prétens me déchaisner ; j'en adore l'étude, j'en révere la judicieuse pratique : mais j'en abhorre et déteste le pernicieux et méchant usage qu'en font par leur négligence des fourbes ignorans, et que la seule robe fait appeler medecins ; et ce n'est qu'à ceux qui abusent de ce nom que je vais répondre.

PLUTON.

Ah ! voicy une conversation raisonnable, celle-cy.

MOLIERE.

Imposteurs, qui peut mieux prouver vostre ignorance, et l'incertitude de vos projets, que vos contrarietez perpétuelles ? Vous trouvez-vous jamais d'accord ensemble ? et jusqu'à vos moindres ordonnances, a-t-on jamais veu un medecin suivre celle de l'autre sans y ajoûter ou diminuer quelque chose ? Quant à leurs opinions, elles sont encore plus différentes que leurs pratiques. Les uns disent que la cause des maux est dans les humeurs ; les autres dans le sang. Quelques-uns, par un pompeux galimatias, l'imputent aux atomes invisibles qui entrent dans les pores. Celuy-cy soustient que les maladies viennent du défaut des forces corporelles : celuy-là, qu'elles procedent de l'inégalité des élémens du corps, et de la qualité de l'air que nous respirons, ou de l'abondance, crudité et corruption de nos alimens. Ah ! que cette diversité d'opinions marque bien l'ignorance des medecins ; mais encore plus la foiblesse ou la témerité des malades qui s'abandonnent aux agitations de tant de vents contraires !

PLUTON, *aux medecins.*

Messieurs, hé ?

MOLIERE.

Ce qu'ils ont de plus unanime dans leur école, et où ils s'entendent le mieux, c'est

que tous tant qu'ils sont nous asseurent
que dans la composition d'une medecine
une chose purge le cerveau, celle-cy échauffe
l'estomac, celle-là rafraischit le foye ; et
font partir un breuvage à bride abbatue,
comme si dans ce mélange chaque remede
portoit son étiquette, et que tous n'allassent
pas ensemble sejourner au mesme lieu. Il
faut que ces Messieurs soient bien asseurez
de l'obéissance et de la sagesse de leurs
drogues : car enfin si par mégarde l'une
alloit prendre le chemin de l'autre, et que
la partie qui doit être échauffée vînt par
méprise à être refroidie, voyez un peu où
le pauvre malade en seroit !

PLUTON.

Messieurs, hé ?

MOLIERE.

Mais quoy ! Ces imposteurs abusant de
l'occasion, usurpent effrontément une autorité tyrannique sur de pauvres âmes affoi-
blies et abbatues par le mal, et par la
crainte de la mort. Ils prennent si bien leur
avantage de nos foiblesses, que de nostre
aveu mesme, dans ce dangereux moment,
ils hazardent effrontément, aux dépens de
nos vies, toutes les épreuves que leur sug-

gerent leurs ambitieuses imaginations. Les scelerats osent tout tenter, sur cette confiance que le soleil éclairera leurs succez, et que la terre couvrira leurs fautes.

PLUTON.

Messieurs, hé ?

MOLIERE.

Il me souvient icy, avec quelque douleur, de la foiblesse d'un de mes amis, qui s'étoit sottement confié, par leurs noires séductions, à l'experience d'un remede. Deux heures après l'avoir pris, le medecin qui l'avoit ordonné luy en vint demander l'effet, et comme il s'en étoit trouvé. J'ay fort sué, luy répondit le malade. Cela est bon, dit le medecin. Trois heures ensuite il luy vint demander comment il s'estoit porté depuis. J'ay senti, dit le patient, un froid extrême, et j'ay fort tremblé. Cela est bon, suivit le charlatan. Et sur le soir, pour la troisiéme fois, il revint s'informer encore de l'état où il se trouvoit. Je me sens, dit le malade, enfler par tout comme d'hydropisie. Tout cela est bien, répondit le bourreau. Le lendemain, j'allay voir ce pauvre malade, et luy ayant demandé en quel état il estoit : Hélas ! mon cher amy, dit-il en

rendant le dernier soupir, à force d'estre
bien, je sens que je me meurs. Ah ! m'é-
criay-je alors, tout percé de douleur, qu'heureux sont les animaux que la simple nature
sçait guerir sans le secours de leurs con-
sultations. Que l'estre brutal seroit à sou-
haiter quand on devient malade ! mais aussi
qu'il seroit à craindre, s'il se trouvoit autant de medecins parmy les bestes, que de
bestes parmy les medecins !

PLUTON.

Messieurs ?

MOLIERE.

Qu'ils se plaignent maintenant de moy,
et que ton équité, Grand Monarque, paroisse
dans tes jugemens.

SCENE DERNIERE

CARON, LES OMBRES, PLUTON, RADAMANTE, MINOS, MOLIERE.

CARON.

Oh ! je n'y puis plus tenir. Depuis que je

conduis la barque, je n'ay jamais tant veu de morts pour un jour ; et si vous n'y venez donner ordre, je ne sçay pas ce que nous en ferons.

PLUTON.

Comment ? Nous avons donc bien des gens ?

CARON.

Tout creve à la porte.

PLUTON.

Puisque nous avons tant de morts icy-bas, il faut qu'il y ait encore bien des medecins là-haut. Mais qu'ils attendent à un autre jour ; je ne juge d'aujourd'huy, et voicy ma derniere sentence. Retirez-vous un peu, que je prenne les opinions. Minos, qu'en dis-tu ?

MINOS.

Moy ? Que cette ombre est de bon sens, et qu'elle merite bien quelque jugement avantageux.

RADAMANTE.

Il n'y a qu'honneur à juger en sa faveur.

PLUTON.

J'en demeure d'accord ; mais aussi les

obligations que nous avons à ces Messieurs
m'embarrassent; et je crois qu'un arbitrage
conviendroit mieux à cette affaire, qu'un
jugement dans les formes. Ne trouvez-vous
point à propos de leur proposer un accom-
modement ?

MINOS.

Hé ! oui dà ; car il est vray que nous
avons quelques mesures à garder avec la
Faculté.

RADAMANTE.

Je suis de cet avis.

PLUTON.

Je m'en vais leur parler. Çà, Messieurs,
qu'est-ce ? n'y a-t-il pas moyen de vous
rapatrier ? Je vois de part et d'autre que les
raisons peuvent subsister : d'accord, mais à
les bien peser, entre nous, la balance pen-
chera de son costé ; et sans l'alliance jurée
entre nous, franchement, Messieurs, vous
seriez tondus. C'est pourquoy, si vous m'en
croyez, taschez de vous accommoder ensemble ; et pour faciliter l'affaire, j'aime
mieux relascher de mes interets, et consen-
tir que vous m'envoyiez quelques millions
de morts moins qu'à l'ordinaire.

LES MEDECINS.

Quoy! Nostre ennemy juré ? Non, non...

PLUTON.

Ho, ho, Messieurs, si vous n'êtes contens,
prenez des cartes ; j'y perds plus que vous,
et si je ne me plains pas.

LES MEDECINS.

Quoy, Pluton !...

PLUTON.

Quoy! vos ombres témeraires m'osent
repliquer, moy qui puis vous faire évanouir
d'un souffle seulement ?

LES MEDECINS.

Nous demandons justice, justice!

PLUTON.

Encore ? Ah! je m'en vais souffler. Fu, fu!

Mais il est temps de prononcer
En quel endroit je dois placer
Ton ombre avecque ta memoire.
Que la Postérité t'en choisisse le lieu ;
Et tandis qu'elle ira travailler à ta gloire,
Entre TÉRENCE et PLAUTE occupe le milieu.

(On fait un carillon avec des cloches
qui s'accordent avec les violons)

CARON.

Messieurs, Pluton se va coucher, son bonnet de nuit l'attend. Vous avez ouï la retraite, bon soir.

VIE DE MOLIÈRE

EN ABREGÉ (1)

(1) Mise comme préface en tête de l'édition des Œuvres à la date de 1682, donnée par Vinot et La Grange.

VIE DE MOLIÈRE

EN ABREGÉ

PRÉFACE DE L'ÉDITION DE 1682

——

Voicy une nouvelle édition des œuvres
de feu Monsieur de Moliere, augmentée
de sept comédies (1), et plus correcte que
les précédentes, dans lesquelles la négli-

(1) On trouve imprimées pour la première fois
dans cette édition six comédies restées inédites,
parce qu'elles ne se jouaient plus : *Don Garcie de
Navarre*, *Don Juan*, *Mélicerte*, *l'Impromptu de
Versailles*, *les Amans magnifiques*, *la Comtesse
d'Escarbagnas*. Les éditeurs prétendaient aussi
donner le véritable texte du *Malade imaginaire*.

gence des imprimeurs avoit laissé quantité de fautes considérables, jusqu'à omettre ou changer des vers en beaucoup d'endroits. On les trouvera rétablis dans celle-cy, et ce n'est pas un petit service rendu au public par ceux qui ont pris ce soin, puisque les nombreuses assemblées qu'on voit encore tous les jours aux représentations des comédies de ce fameux auteur, font assez connoistre le plaisir qu'on se fera de les avoir dans leur pureté.

On peut dire que jamais homme n'a mieux sceu que luy remplir le précepte qui veut que la comedie instruise en divertissant. Lorsqu'il a raillé les hommes sur leurs défauts, il leur a appris à s'en corriger ; et nous verrions peut-estre encore aujourdhuy regner les mesmes sottises qu'il a condamnées, si les portraits qu'il a faits d'après nature, n'avoient esté autant de miroirs dans lesquels ceux qu'il a joüez se sont reconnus. Sa raillerie étoit delicate, et il la tournoit d'une maniere si fine, que quelque satyre qu'il

fist, les interessez, bien loin de s'en of-
fencer, rioient eux-mesmes du ridicule
qu'il leur faisoit remarquer en eux.

Son nom fut Iean-Baptiste Poquelin ;
il estoit Parisien, fils d'un Valet de
Chambre Tapissier du Roi. Il avoit esté
receu dès son bas âge en survivance de
cette charge, qu'il a depuis exercée dans
son quartier jusques à sa mort. Il fit ses
humanitez au College de Clermont ; et
comme il eut l'avantage de suivre Monsieur le Prince de Conty dans toutes ses
classes, la vivacité d'esprit qui le distin-
guoit de tous les autres, luy fit acquerir
l'estime et les bonnes graces de ce Prince,
qui l'a toujours honoré de sa bienveil-
lance et de sa protection. Le succés de
ses études fut tel qu'on pouvoit l'attendre
d'un génie aussi heureux que le sien.
S'il fut fort bon humaniste, il devint encore plus grand philosophe. L'inclination qu'il avoit pour la poësie le fit s'appliquer à lire les poëtes avec un soin tout
particulier ; il les possedoit parfaitement,
et sur tout Terence. Il l'avoit choisi

comme le plus excellent modele qu'il eust à se proposer, et jamais personne ne l'imita si bien qu'il a fait. Ceux qui conçoivent toutes les beautez de son *Avare* et de son *Amphitryon*, soutiennent qu'il a surpassé Plaute dans l'un et dans l'autre. Au sortir des Ecoles de Droit il choisit la profession de comedien, par l'invincible penchant qu'il se sentoit pour la comedie. Toute son étude et son application ne furent que pour le theatre. On sçait de quelle maniere il y a excellé, non-seulement comme acteur par des talens extraordinaires, mais comme auteur par le grand nombre d'ouvrages qu'il nous a laissez, et qui ont tous leurs beautés proportionnées aux sujets qu'il a choisis.

Il tâcha dans ces premieres années de s'établir à Paris avec plusieurs enfans de famille, qui, par son exemple, s'engagerent comme lui dans le parti de la comedie, sous le titre de *l'Illustre Theatre* : mais ce dessein ayant manqué de succés, il fut obligé de courir par les Provinces du Royaume, où il commença de s'acquerir une fort grande reputation.

Il vint à Lyon en 1653, et ce fut là qu'il exposa au public sa premiere comedie ; c'est celle de *l'Etourdy*. S'estant trouvé quelque temps aprés en Languedoc, il alla offrir ses services à feu Monsieur le Prince de Conty, Gouverneur de cette Province, et Viceroy de Catalogne. Ce Prince qui l'estimoit, et qui alors n'aimoit rien tant que la comedie, le reçeut avec des marques de bonté tres-obligeantes, donna des appointements à sa troupe, et l'engagea à son service, tant auprès de sa personne, que pour les Etats de Languedoc.

La seconde comedie de M. de Moliere fut représentée aux Etats de Beziers, sous le titre du *Dépit amoureux*.

En 1658, ses amis lui conseillerent de s'approcher de Paris, en faisant venir sa troupe dans une ville voisine. C'estoit le moyen de profiter du credit que son merite luy avoit acquis auprés de plu-

sieurs personnes de consideration, qui
s'interessant à sa gloire, lui avoient promis de l'introduire à la Cour. Il avoit
passé le carnaval à Grenoble, d'où il partit
aprés Pasques, et vint s'établir à Roüen.
Il y séjourna pendant l'esté, et aprés
quelques voyages qu'il fit à Paris secre-
tement, il eut l'avantage de faire agréer
ses services et ceux de ses camarades à
MONSIEUR, Frere unique de Sa Majesté, qui luy ayant accordé sa protection,
et le titre de sa troupe, le presenta en
cette qualité au Roy et à la Reine Mere.

Ses compagnons qu'il avoit laissez à
Roüen, en partirent aussi-tost ; et le
24 Octobre 1658, cette troupe commença
de paroistre devant leurs Majestés et toute
la Cour sur un theatre que le Roy avoit
fait dresser dans la Salle des Gardes du
Vieux Louvre. *Nicomede*, tragedie de
Monsieur de Corneille l'aisné, fut la piece
qu'elle choisit pour cet éclatant début. Ces
nouveaux acteurs ne déplurent point, et
on fut sur tout fort satisfait de l'agrément
et du jeu des femmes. Les fameux come-

diens qui faisoient alors si bien valoir l'Hostel de Bourgogne, étoient presens à cette representation. La piece estant achevée, Monsieur de Moliere vint sur le theatre, et aprés avoir remercié Sa Majesté en des termes tres-modestes, de la bonté qu'elle avoit euë d'excuser ses deffauts, et ceux de toute sa troupe, qui n'avoit paru qu'en tremblant devant une Assemblée si auguste, il luy dit, que l'envie qu'ils avoient euë d'avoir l'honneur de divertir le plus grand Roy du monde, leur avoit fait oublier que Sa Majesté avoit à son service d'excellens originaux, dont ils n'étoient que de trés-foibles copies ; mais puisqu'Elle avoit bien voulu souffrir leurs manieres de campagne, il la supplioit tres-humblement d'avoir agréable qu'il luy donnast un de ces petits divertissements qui luy avoient acquis quelque réputation, et dont il regaloit les Provinces.

Ce compliment dont on ne rapporte que la substance, fut si agréablement tourné, et si favorablement receu, que toute la Cour y applaudit, et encore plus à la petite comedie, qui fut celle du *Docteur amoureux*. Cette comedie, qui ne contenoit qu'un acte, et quelques autres de cette nature, n'ont point esté imprimées : il les avoit faites sur quelques idées plaisantes, sans y avoir mis la derniere main ; et il trouva à propos de les supprimer, lorsqu'il se fut proposé pour but dans toutes ses pieces d'obliger les hommes à se corriger de leurs deffauts. Comme il y avait longtemps qu'on ne parloit plus de petites comedies, l'invention en parut nouvelle, et celle qui fut representée ce jour-là divertit autant qu'elle surprit tout le monde. Monsieur de Moliere faisoit le Docteur, et la maniere dont il s'acquitta de ce personnage le mit dans une si grande estime, que Sa Majesté donna ses ordres pour établir sa troupe à Paris. La Salle du Petit Bourbon luy fut accordée, pour y representer alternativement avec les Comediens Italiens. Cette troupe dont M. de Moliere estoit le chef, et qui, comme je l'ai déja dit, prit le titre de la Troupe de MONSIEUR, commença à représenter en public le 3 Novembre 1658, et donna pour nouveautez *l'Etourdy* et le *Dépit amoureux*, qui n'avoient jamais esté joüez à Paris.

En 1659, M. de Moliere fit la comedie des *Precieuses ridicules*. Elle eut un succés qui passa ses esperances : comme ce n'étoit qu'une piece d'un seul acte, qu'on représentoit aprés une autre de cinq, il la fit joüer le premier jour au prix ordinaire, mais le peuple y vint en telle affluence, et les applaudissemens qu'on luy donna furent si extraordinaires, qu'on redoubla le prix dans la suite ; ce qui réüssit parfaitement à la gloire de l'auteur, et au profit de la troupe.

L'année suivante il fit le *Cocu imaginaire*, qui eut un succés pareil à celuy des *Precieuses*.

Au mois d'octobre de la mesme année la Salle du Petit Bourbon fut démolie pour ce grand et magnifique Portail du Louvre, que tout le monde admire aujourdhuy. Ce fut pour M. de Moliere une occasion nouvelle d'avoir recours aux bontez du Roy, qui lui accorda la Salle du Palais-Royal, où Monsieur le Cardinal de Richelieu avoit donné autrefois des spectacles dignes de sa magnificence. L'estime dont Sa Majesté l'honoroit augmentoit de jour en jour, aussi bien que celle des Courtisans les plus éclairez, le merite et les bonnes qualitez de M. de Moliere faisant de tres-grands progrez dans tous les esprits. Son exercice de la comedie ne l'empeschoit pas de servir le Roy dans sa charge de Valet de Chambre, où il se rendoit tres-assidu. Ainsi il se fit remarquer à la Cour pour un homme civil et honneste, ne se prévalant point de son merite et de son crédit, s'accommodant à l'humeur de ceux avec qui il estoit obligé de vivre, ayant l'ame belle, liberale ; en un mot, possedant et exerçant toutes les qualitez d'un parfaitement honneste homme.

Quoiqu'il fust tres agreable en conversation lorsque les gens lui plaisoient, il ne parloit guere en compagnie, à moins qu'il ne se trouvast avec des personnes pour qui il eust une estime particuliere : cela faisoit dire à ceux qui ne le connoissoient pas, qu'il étoit rêveur et mélancolique, mais s'il parloit peu, il parloit juste, et d'ailleurs il observoit les manieres et les mœurs de tout le monde ; il trouvoit moyen ensuite d'en faire des applications admirables dans ses Comedies, où l'on peut dire qu'il a joüé tout le monde, puisqu'il s'y est joüé le premier en plusieurs endroits sur les affaires de sa famille, et qui regardoient ce qui se passoit dans son domestique. C'est ce que ses plus particuliers amis ont remarqué bien de fois.

En 1661, il donna la Comedie de l'*Ecole des maris*, et celle des *Fâcheux;* en 1662, celle de l'*Ecole des femmes,* et la *Critique*, et ensuite plusieurs pieces de theatre, qui lui acquirent une si grande réputation, que Sa Majesté ayant établi, en 1663, des gratifications pour un certain nombre de Gens de Lettres, voulut qu'il y fust compris sur le pied de mille francs.

La troupe qui representoit ses comedies étoit si souvent employée pour les divertissements du Roy, qu'au mois d'aoust 1665, Sa Majesté trouva à propos de l'arrester tout-à-fait à son service, en lui donnant une pension de sept mille livres : M. de Moliere et les principaux de ses compagnons allerent prendre congé de MONSIEUR, et lui faire leurs tres-humbles remerciemens de la protection qu'il avait eu la bonté de leur donner.

Son Altesse Royale s'applaudit du choix qu'il avoit fait d'eux, puisque le Roy les trouvoit capables de contribuer à ses plaisirs, et particulierement à toutes les belles Festes qui se faisoient à Versailles, à S. Germain, à Fontainebleau, et à Chambord; et en mesme temps ce Prince leur donna des marques obligeantes de la continuation de son estime.

La troupe changea de titre, et prit

celui de la Troupe du Roy, qu'elle a toujours retenu jusques à la jonction qui a été faite en 1680.

Après qu'elle fut à Sa Majesté, M. de Moliere continua de donner plusieurs pieces au theatre, tant pour les plaisirs du Roy, que pour les divertissemens du public ; et s'acquit par là cette haute réputation qui doit éterniser sa memoire.

Toutes ses pieces n'ont pas d'égales beautez, mais on peut dire que dans les moindres, il y a des traits qui n'ont pû partir que de la main d'un grand maistre, et que celles qu'on estime les meilleures, comme le *Misanthrope*, le *Tartuffe*, les *Femmes sçavantes*, etc., sont des chefs-d'œuvres qu'on ne sçauroit assez admirer.

Ce qui estoit cause de cette inégalité dans ses ouvrages, dont quelques-uns semblent negligez en comparaison des autres, c'est qu'il estoit obligé d'assujettir son génie à des sujets qu'on lui prescrivoit, et de travailler avec une tres-grande precipitation, soit par les ordres du Roy, soit par la necessité des affaires de la troupe, sans que son travail le detournast de l'extrême application et des études particulieres qu'il faisoit sur tous les grands rôles qu'il se donnoit dans ses pieces. Jamais homme n'a si bien entré que luy dans ce qui fait le jeu naïf du theatre. Il a épuisé toutes les matieres qui lui ont pû fournir quelque chose, et si les critiques n'ont pas esté entierement satisfaits du dénoüement de quelques-unes de ses comedies, tant de beautez avoient prevenu pour luy l'esprit de ses auditeurs, qu'il étoit aisé de faire grace à des taches si legeres.

Enfin en 1673, après avoir reussi dans toutes les pieces qu'il a fait representer, il donna celle du *Malade imaginaire*, par laquelle il a finy sa carriere, à l'âge de cinquante-deux ou cinquante-trois ans. Il y joüoit la Faculté de Medecine en corps, après avoir joüé les medecins en particulier dans plusieurs autres, où il a trouvé moyen de les placer : ce qui a fait dire que les Medecins étoient pour

Moliere, ce que le vieux Poëte étoit pour Terence.

Lorsqu'il commença les representations de cette agréable comedie, il estoit malade en effet d'une fluxion sur la poitrine, qui l'incommodoit beaucoup, et à laquelle il estoit sujet depuis quelques années. Il s'estoit joüé lui-même sur cette incommodité dans la cinquiéme scene du second Acte de l'*Avare*, lors qu'Harpagon dit à Frosine : *Je n'ai pas de grandes incommoditez, Dieu merci, il n'y a que ma fluxion qui me prend de temps en temps.* A quoi Frosine répond : *Vostre fluxion ne vous sied point mal, et vous avez grace à tousser.* Cependant c'est cette toux qui a abregé sa vie de plus de vingt ans. Il estoit d'ailleurs d'une tres-bonne constitution ; et sans l'accident qui laissa son mal sans aucun remede, il n'eust pas manqué de forces pour le surmonter.

Le 17 Février, jour de la quatrieme représentation du *Malade imaginaire*, il fut si fort travaillé de sa fluxion, qu'il eut de la peine à joüer son rôle ; il ne l'acheva qu'en souffrant beaucoup, et le publïc connut aisément qu'il n'estoit rien moins que ce qu'il avoit voulu joüer : en effet, la Comedie estant faite, il se retira promptement chez luy, et à peine eut-il le temps de se mettre au lit, que la toux continuelle dont il estoit tourmenté, redoubla sa violence. Les efforts qu'il fit furent si grands, qu'une veine se rompit dans ses poulmons. Aussi-tost qu'il se sentit en cet estat, il tourna toutes ses pensées du côté du Ciel ; un moment après, il perdit la parole, et fut suffoqué en demie heure par l'abondance du sang qu'il perdit par la bouche.

Tout le monde a regretté un homme si rare, et le regrette encore tous les jours ; mais particulierement les personnes qui ont du bon goust et de la délicatesse. On l'a nommé le Terence de son siécle ; ce seul mot renferme toutes les loüanges qu'on lui peut donner. Il n'estoit pas seulement inimitable dans la

maniere dont il soustenoit tous les caracteres de ses comedies ; mais il leur
donnoit encore un agrément tout particulier, par la justesse qui accompagnoit
le jeu des acteurs : un coup d'œil, un
pas, un geste, tout y étoit observé avec
une exactitude qui avoit été inconnuë
jusques-là sur les theatres de Paris.

Sa mort dont on a parlé diversement,
fit paroistre quantité de madrigaux ou
épitaphes ; la pluspart étoient sur les
medecins vengez, qu'on prétendoit l'avoir
laissé mourir sans secours, par ressenti-
ment de ce qu'il les avoit trop bien joüez
dans ses comedies. De tout ce qu'on fit
sur cette mort rien ne fut plus approuvé
que ces quatre vers latins qu'on a trouvé
à propos de conserver. Le lecteur ob-
servera que sur la fin de la comedie le *Malade imaginaire*, qui estoit representé par
cet excellent auteur, contrefait le mort :

Roscius hic situs est tristi Molierus in urnâ,
  Cui genus humanum ludere ludus erat.
Dum ludit mortem, Mors indignata jocantem
  Corripit, et mimum fingere sæva negat.

Après la mort de M. de Moliere, le Roy eut dessein de ne faire qu'une troupe de celle qui venoit de perdre son illustre chef, et des acteurs qui occupoient l'Hostel de Bourgogne ; mais les divers interests des familles des comediens n'ayant pû s'accommoder, ils supplierent Sa Majesté d'avoir la bonté de laisser les troupes séparées comme elles étoient ; ce qui leur fut accordé, à la réserve de la Salle du Palais Royal, qui fut destinée pour la réprésentation des Opera en musique. Ce changement obligea les compagnons de M. de Moliere à chercher un autre lieu, et ils s'établirent avec permission et sur les ordres de Sa Majesté, ruë Mazarini, au bout de la ruë de Guenegaud, toûjours sous le même titre de la Troupe du Roy.

Les commencemens de cet établissement ont esté heureux, et les suites tres-avantageuses, les comediens compagnons de M. de Moliere ayant suivi les maximes de leur fameux Fondateur, et soutenu sa réputation d'une maniere si satisfai-

sante pour le Public, qu'enfin il a plû
au Roy d'y joindre tous les acteurs et
actrices des autres troupes de comediens
qui estoient dans Paris, pour n'en faire
qu'une seule compagnie. Ceux du Marais y avoient été incorporez en 1673,
suivant les intentions de Sa Majesté ; et
par ordonnance de Monsieur de la Reynie,
Lieutenant General de la Police, donnée
le 25 Juin de la même année, ce Theatre
fut supprimé pour toûjours.

Les Comediens de l'Hostel de Bourgogne, qui depuis un si grand nombre
d'années portoient le titre de la seule
Troupe Royale, ont été réünis avec la
Troupe du Roy le 25 Aoust 1680. Cela
s'est fait suivant l'ordre de Sa Majesté,
donné à Charleville le 18 du même mois,
par Monsieur le Duc de Crequy, Gouverneur de Paris, Premier Gentilhomme
de la Chambre en année, et confirmé
par une Lettre de Cachet, en date du
21 Octobre.

Cette réünion des deux troupes, qui
a mis les Comediens Italiens en pos-

session du theatre de l'Hostel de Bourgogne, a esté d'autant plus agréable à
Sa Majesté, qu'elle avoit eu dessein de
la faire, comme on l'a déja expliqué, in-
continent après la mort de M. de Moliere. Il n'y a plus presentement dans
Paris que cette seule compagnie de Comediens du Roy entretenus par Sa Majesté. Elle est établie en son Hôtel, ruë
Mazarini, et réprésente tous les jours
sans interruption, ce qui a été une nou-
veauté utile aux plaisirs de cette superbe
ville, dans laquelle, avant la jonction,
il n'y avoit comedie que trois fois chaque
semaine ; sçavoir, le mardy, le vendredy,
et le dimanche, ainsi qu'il s'estoit toûjours pratiqué.

Cette troupe est si nombreuse, que
fort souvent il y a comedie à la Cour et à
Paris en mesme jour, sans que la Cour ni
la Ville s'apperçoivent de cette division.
La comedie en est beaucoup mieux joüée,
tous les bons acteurs étant ensemble,
pour le sérieux et pour le comique.

POUR MONSIEUR DE MOLIERE

En vain mille jaloux Esprits,
Moliere, osent avec mespris
Censurer un si bel Ouvrage :
Ta charmante naïfveté
S'en va pour jamais d'âge en âge
Enjoüer la postérité.

Ta Muse avec utilité
Dit plaisamment la vérité ;
Chacun profite à ton escole.
Tout en est beau, tout en est bon,
Et ta plus burlesque parole
Est souvent un docte sermon.

Que tu ris agreablement !
Que tu badines sçavamant !
Celuy qui sceut vaincre Numance,
Qui mit Carthage sous sa loy,
Jadis sous le nom de Terence,
Sceut-il mieux badiner que toy ?

Laisse gronder tes Envieux,
Ils ont beau crier en tous lieux
Que c'est à tort qu'on te revere,
Que tu n'es rien moins que plaisant :
Si tu sçavois un peu moins plaire,
Tu ne leur déplairois pas tant.

Par M***.

EPITAPHIUM

PRO

MOLLERO COMŒDO

Hic facunde jaces facetiarum,
Molleri, Arbiter et Pater jocorum ;
Salsi dramatis artifex et actor,
Ausus qui proceres secare et Urbem.
Plaudentes simul, et simul frementes
Noras utilibus docere nugis,
Et ridens vitium vafer notabas,
Ipse sic melior Catone censor.

Auth. D. DE MEZERAY
Regi à Cons. et Historiog. S. M.

MADRIGAL

Quand Moliere employant de l'art les plus beaux traits
Nous peignit des humains les differens portraits,
Nous deumes nos plaisirs à son rare génie :
Mais il ne doit qu'à luy cet honneur sans égal,
D'avoir esté l'Original
Dont la France jamais ne verra de Copie.

MARCEL.

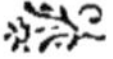

PLACIDIS MANIBUS

JOANNIS BAPTISTÆ POQUELINI MOLERII

COMICORUM SUI SŒCULI POETARUM

FACILE PRINCIPIS

EPITAPHIUM

Hic situs est vitiorum hominum, dum viveret, hostis;
    Illos cum scriptis, voce vel argueret,
Dicendo verum vitiis non ipse pepercit.
    Huic Deus ut parcat, Lector amice, roga.

MARCEL.

———

TRADUCTION DE L'ÉPITAPHE

Cy gist cet ennemy des vices de son temps,
    De qui la voix fit autant que la plume;
Il sceut par l'une et l'autre, en délassant nos sens,
Des sévères leçons corriger l'amertume.
Homme, qui que tu sois qui l'eus pour ton censeur,
    N'épargnant pas tes mœurs ni ta personne,
Pour le payer des soins qui t'ont rendu meilleur,
    Prie au moins que Dieu lui pardonne.

MARCEL.

M. DE MOLIERE

PAR

ADRIEN BAILLET (1)

(1686)

(1) *Jugemens des sçavans sur les principaux ouvrages des auteurs.* Tome quatrième, contenant les Poëtes. Paris, Antoine Dezallier, ruë S.-Jacques, à la Couronne d'or, 1686, in-12. — P. 110.

M. DE MOLIERE

(Jean Baptiste Pocquelin.) Parisien, mort en
Comédien, vers l'an 1673. Poëte françois.

———

Monsieur de Moliere est un des plus
dangereux ennemis que le Siècle ou le
Monde ait suscité à l'Eglise de Jesus-
Christ (1), et il est d'autant plus redoutable qu'il fait encore après sa mort le
mesme ravage dans le cœur de ses lec-
teurs qu'il en avoit fait de son vivant
dans celuy de ses spectateurs. Mais pour

(1) J'entends ce monde que J. C. appelle son
adversaire. (Note de Baillet.)

ne rien entreprendre sur les devoirs de nos pasteurs et des predicateurs de l'Evangile, j'abandonne le comedien pour ne parler ici que du poëte comique, et pour rapporter de la maniere la plus succincte et la plus seche qu'il me sera possible, quelques-uns des jugements que nos critiques seculiers et reguliers en ont porté.

Monsieur de Moliere a donc fait un grand nombre de comedies, tant en vers qu'en prose, que l'on a partagées en sept volumes....... On ajoûte une autre comedie qui porte le titre du *Festin de Pierre;* mais elle ne paroist plus au monde, du moins n'a-t-elle pas esté mise dans le recüeil des autres : de sorte qu'elle doit passer pour une piece supprimée, dont la mémoire ne subsiste plus que par les observations qu'on a faites contre cette piece et celle de *Tartuffe* (1).

(1) Baillet, qui va rapporter les jugemens de divers contemporains sur Molière, était de lui-même peu au fait des éditions de ses œuvres. *Don*

Il faut convenir que personne n'a receu
de la nature plus de talens que Monsieur
de Moliere pour pouvoir joüer tout le
genre humain, pour trouver le ridicule
des choses les plus sérieuses, et pour
l'exposer avec finesse et naïveté aux yeux
du public. C'est en quoy consiste l'avantage qu'on luy donne sur tous les comiques modernes, sur ceux de l'ancienne
Rome, et sur ceux mesme de la Grece :
de sorte que s'il se fust contenté de suivre
les intentions de Monsieur le Cardinal
de Richelieu, qui avoit dessein de puri-
fier la comedie, et de ne faire faire sur
le theatre que des leçons de vertus mo-
rales, comme on veut nous le persuader,
nous n'aurions peut-estre pas tant de
precautions à prendre pour la lecture de
ses ouvrages.

Pour devancer les autres comme il a
fait, il s'est crû obligé de prendre une

Juan ou le Festin de Pierre avait paru dans l'édition en huit volumes de 1682, parmi les œuvres
posthumes.

autre route qu'eux; il s'est appliqué
particulierement à connoître le genie des
Grands, et de ce qu'on appelle le beau
monde; au lieu que les autres se sont
souvent bornez à la connoissance du
peuple. Les anciens poetes, dit le Pere
Rapin (1), n'ont que des valets pour les
plaisans de leur theatre; et les plaisans
du theatre de Moliere sont les marquis
et les gens de qualité. Les autres n'ont
joué dans la comedie que la vie bour-
geoise et commune, et Moliere a joué
tout Paris et la Cour. Ce mesme Pere
prétend que Moliere est le seul parmy
nous qui ait découvert ces traits de la
nature qui le distinguent, et qui le font
connoistre. Il ajoûte que les beautez des
portraits qu'il fait sont si naturelles,
qu'elles se font sentir aux personnes les
plus grossieres, et que le talent qu'il
avoit à plaisanter s'étoit renforcé de la
moitié par celuy qu'il avoit de contrefaire.

(1) René Rapin. *Reflex. particul.* ou seconde
part. de *la Poëtiq.* Reflex. XXVI. (Note de Baillet.)

C'est par ce moyen qu'il a sçeu réformer, non pas les mœurs des chrestiens, mais les défauts de la vie civile, et de ce qu'on appelle le train de ce monde ; et c'est sans doute tout ce qu'a voulu loüer en luy le P. Bouhours, par le jugement avantageux qu'il semble en avoir fait dans le monument qu'il a dressé à sa mémoire, où, aprés l'avoir appelé (1) par rapport à ses talents naturels,

> *Ornement du Theatre, incomparable acteur,*
> *Charmant poete, illustre auteur,*

il ajoute, pour nous precautionner contre ses partisans et ses admirateurs, et pour nous spécifier la qualité du service qu'il peut avoir rendu aux gens du monde :

> *C'est toy dont les plaisanteries*
> *Ont guéri des Marquis l'esprit extravagant.*
> *C'est toy qui par les momeries*
> *As réprimé l'orgueil du Bourgeois arrogant.*

(1) Gilles Ménage dans ses *Observations sur la langue franç.* Seconde partie, chapitre IV, p. 15 de l'édit. de l'an 1676. (Note de Baillet.)

Ta Muse, en jouant l'hypocrite,
A redressé les faux dévots ;
La Précieuse, à tes bons mots,
A reconnu son faux merite.
L'homme ennemi du genre humain,
Le campagnard qui tout admire,
N'ont pas lû tes récits en vain.
Tous deux se sont instruits en ne pensant qu'à rire.

Enfin tu réformas et la Ville, et la Cour,
Mais quelle en fut la récompense ?
Les François rougiront un jour
De leur peu de reconnoissance.
Il leur falut un Comedien
Qui mit à les polir son art et son étude,
Mais, Moliere, à ta gloire il ne manqueroit rien,
Si parmy leurs défauts, que tu peignis si bien,
Tu les avois repris de leur ingratitude.

Voilà peut-estre tout ce qu'on peut raisonnablement exiger d'un critique judicieux, qui n'a pû refuser la justice que l'on doit à tout le monde, et qui n'a point crû devoir blâmer des qualitez qui sont véritablement estimables, non-seulement parce qu'elles viennent de la nature, mais encore parce qu'elles ont été cultivées et polies par le travail et l'industrie particuliere du poete.

M. Despreaux, persuadé de cette espece

de merite de Moliere, du moins autant que le P. Bouhours, semble n'avoir pas été du sentiment de ce Pere sur le peu de reconnoissance que le Public a témoigné pour tous ses services après sa mort. Il prétend au contraire que l'on n'a bien reconnu son merite qu'après qu'il eut joué le dernier rôle de sa vie; et que l'on a beaucoup mieux jugé du prix de ses pieces en son absence, que lorsqu'il estoit present : c'est ce qu'il marque à M. Racine (1), lorsqu'il lui dit que :

Avant qu'un peu de terre, obtenu par prière,
Pour jamais sous la tombe eust enfermé Moliere,
Mille de ces beaux traits, aujourd'huy si vantez,
Furent des sots esprits à nos yeux rebutez ;
L'ignorance et l'erreur à ses naissantes pieces,
En habit de marquis, en robes de comtesses,
Venoient pour diffamer son chef-d'œuvre nouveau,
Et secoüoient la teste à l'endroit le plus beau.
Le commandeur vouloit la scene plus exacte,
Le vicomte indigné sortoit au second acte ;
L'un, défenseur zelé des bigots mis en jeu,

(1) Nicol. Boil. Despreaux, Epître VII, à Racine. (Note de Baillet.)

Pour prix de ses bons mots, le condamnoit au feu ;
L'autre, fougueux marquis, luy declarant la guerre,
Vouloit venger la cour immolée au Parterre.
Mais si tost que d'un trait de ses fatales mains
La Parque l'eut rayé du nombre des humains,
On reconnut le prix de sa muse éclipsée ;
Toute la comedie avec luy terrassée,
En vain d'un coup si rude espera revenir,
Et sur ses brodequins ne put plus se tenir.

Jusques-là nous n'avons encore trouvé rien de trop favorable à ceux qui nous vantent si fort la morale de Monsieur de Moliere, et qui publient hautement dans Paris, qu'*il a corrigé plus de défauts à la Cour et à la Ville, luy seul, que tous les prédicateurs ensemble.* Il faut avoir une envie étrange de se munir du nom des auteurs graves, et de se donner des garants d'importance, pour vouloir nous persuader, par l'autorité de quelques critiques de reputation qui ont eu de l'indulgence pour Moliere, que ces vices qu'il a corrigez fussent autre chose que des manieres exterieures d'agir et de converser dans le monde. Il faut estre bon jusqu'à l'excès pour s'imaginer qu'il

a travaillé pour la discipline de l'Eglise
et la reforme de nos mœurs. Tous ces
grands defauts à la correction desquels
on veut qu'il se soit appliqué, ne sont pas
tant des qualitez vicieuses et criminelles
que quelques faux goust, quelque sot
entestement, quelques affectations ridicules, telles que celles qu'il a reprises
assez à propos dans les prudes, les precieuses, dans ceux qui outrent les modes,
qui s'érigent en marquis, qui parlent in-
cessamment de leur noblesse, qui ont
toujours quelque poësie de leur façon à
donner aux gens.

Voilà, dit M Bayle (1), les desordres
dont les comedies de Moliere ont un peu
arresté le cours. Car pour la galanterie
criminelle, l'envie, la fourberie, l'avarice,
la vanité et les autres crimes semblables,
il ne faut pas croire, selon l'observation
du mesme auteur, qu'elles leur ayent
fait beaucoup de mal. Au contraire, il n'y

(1) *Nouvelles de la Républ. des Lettres*, d'avril
1684. p. 203-204. (Note de Baillet.)

a rien de plus propre pour inspirer la coquetterie que ces sortes de pieces, parce qu'on y tourne perpétuellement en ridicule les soins que les peres et les meres prennent de s'opposer aux engagemens amoureux de leurs enfans. La galanterie n'est pas la seule science qu'on apprend à l'Ecole de Moliere, on apprend aussi les maximes les plus ordinaires du libertinage, contre les veritables sentimens de la religion, quoi qu'en veuillent dire les ennemis de la bigoterie, et nous pouvons assurer que son *Tartuffe* est une des moins dangereuses pour nous mener à l'*irreligion*, dont les semences sont repanduës d'une maniere si fine et si cachée dans la pluspart de ses autres pieces, qu'on peut assurer qu'il est infiniment plus difficile de s'en défendre que de celle où il jouë pesle et mesle bigots et devots, le masque levé.

Mais il faut laisser encore une fois à ceux que Dieu a choisis pour combatre la comedie et les comediens, le soin d'en faire voir les dangers et les funestes effets, et renvoyer ceux qui voudront s'en instruire plus à fond aux traittez qu'en ont écrit, je ne dis pas seulement Monsieur le prince de Conty, Monsieur de Voysin, Monsieur Nicole, etc., mais encore le P. Dominique Othonelli, jesuite italien, Frederic Cerutus, François Marie del Monacho, et le sieur B. A. (1), qui a écrit en particulier contre Moliere. Ainsi, il ne reste plus qu'à dire un mot de sa maniere d'écrire et de representer ses pieces de Theâtre.

Monsieur Rosteau pretend qu'il estoit également bon auteur et bon acteur, et rien n'est plus plaisamment imaginé que la pluspart de ses pièces ; qu'il ne s'est pas contenté de posseder simplement l'art de la bouffonnerie, comme la pluspart des autres comediens, mais qu'il a fait voir, quand il luy a plû, qu'il estoit

(1) Le sieur de Rochemont, avocat, auteur des *Observations sur une comedie de Molière intitulée le Festin de Pierre* (1665) ; sur le titre d'une éd. de cet écrit le nom de l'auteur est représenté par les initiales B. A. S. D. R.

assez serieusement sçavant (1). Mademoiselle Le Fevre trouve qu'il avoit beaucoup de genie et des manières de Plaute et d'Aristophane (2).

Monsieur Despreaux, qui, par une prudence toute particulière, ayant commencé son portrait de son vivant, ne voulut l'achever qu'après sa mort, releve extraordinairement cette facilité merveilleuse qu'il avoit pour faire des vers, et, s'adressant à luy-mesme, il luy dit avec une franchise des premiers siecles (3), que :

> ..... *sa fertile veine*
> *Ignore en écrivant le travail et la peine ;*
> *Qu'Apollon tient pour luy tous ses tresors ouverts*

(1) Rosteau. *Sent.* sur quelques livres d'aut. qu'il a lus, p. 69. (Note de Baillet.) Ce critique est cité encore ailleurs dans les *Jugemens des Sçavans*, et entre autres, à l'article Saint-Amant. Nous n'avons pu retrouver son livre.

(2) Anne Le Fevre. Dissert. sur les comed. d'Aristoph. (Note de Baillet.)

(3) N. B. Despreaux, satire seconde, p. 17. (Note de Baillet, qui ne cite pas textuellement.)

Et qu'il sçait à quel coin se marquent les bons vers...
Que s'il veut une rime, elle le vient chercher ;
Qu'au bout du vers jamais on ne le voit broncher ;
Et sans qu'un long détour l'arreste ou l'embarrasse,
A peine a-t-il parlé, qu'elle-mesme s'y place...

Le mesme auteur, voyant Moliere au tombeau depoüillé de tous les ornemens extérieurs, dont l'éclat avoit ébloüi les meilleurs yeux, durant qu'il paroissoit luy-mesme sur son theatre, remarqua plus facilement ce qui avoit tant imposé au monde ; c'est-à-dire ce caractere aisé et naturel, mais un peu trop populaire, trop bas, trop plaisant, et trop bouffon. Ce Comedien, dit-il (1) :

Peut-estre de son art eût remporté le prix,
Si moins ami du peuple, en ses doctes peintures
Il n'eût point fait souvent grimacer les figures ;
Quitté pour le bouffon l'agreable et le fin,
Et sans honte à Terence allié Tabarin.
Dans ce sac ridicule où Scapin s'envelope,
Je ne reconnois plus l'auteur du Misantrope.

Monsieur Pradon, qui s'est imaginé que

(1) *Art poëtique*, chant trois. (Note de Baillet.)

par cette legere censure on avoit voulu
profiter de la mort du lion pour lui tirer
les poils, prétend que Moliere n'est pas
si défiguré dans le Scapin, qu'on ne l'y
puisse reconnoistre. Il dit qu'il n'a pas
prétendu faire dans Scapin une satire
fine, comme dans le *Misantrope*. Scapin,
selon lui, est une plaisanterie qui ne
laisse pas d'avoir son sel et ses agrémens,
comme le *Mariage forcé* ou les *Médecins;* à dire le vrai, ces pieces sont fort
inferieures au *Misantrope*, à *l'Ecole des
femmes*, au *Tartuffe*, et à ses grands
coups de maistre; mais elles ne sont
pourtant pas d'un écolier, et l'on y trouve
toûjours une certaine finesse répandue,
que le seul Moliere avoit pour assaison-
ner les moindres ouvrages (1).

Monsieur Despreaux et Monsieur Pradon ne sont pas les seuls qui ayent parlé
dans leurs écrits du *Misantrope* de Moliere, comme de son chef-d'œuvre. Le

(1) Pradon. *Nouvelles remarques sur les œuvres
de D...*, p. 36. (Note de Baillet.)

Pere Rapin nous fait connoître qu'il est aussi dans le mesme sentiment, et il est allé mesme encore plus loin que ces deux critiques, lorsqu'il a dit qu'à son sens, c'est le plus achevé et le plus singulier de tous les ouvrages comiques qui ayent jamais paru sur le theatre (1).

Nous avons vû la plus celebre des pieces de Moliere ; mais ceux qui souhaiteront voir la plus scandaleuse, ou de moins la plus hardie, pourront jeter les yeux sur le *Tartuffe,* où il a pretendu comprendre dans la jurisdiction de son theatre le droit qu'ont les Ministres de l'Eglise de reprendre les hypocrites, et de declamer contre la fausse devotion. On voit bien, par la manière dont il a confondu les choses, qu'il estoit franc novice dans la devotion dont il ne connoissoit peut-estre que le nom, et qu'il avoit entrepris au dessus de ses forces.

(1) René Rapin, au lieu cité ci-dessus, partie seconde des *Reflexions sur la poëtique.* (Note de Baillet.)

Les comediens et les bouffons publics sont des personnes décriées de tout temps, et que l'Eglise mesme par voye de droit considere comme retranchées de son corps, parce qu'elle ne les croit jamais dans l'innocence. Mais quand Moliere auroit esté innocent jusqu'alors, n'auroit-il pas cessé de l'estre dès qu'il eut la presomption de croire que Dieu vouloit bien se servir de luy pour corriger un vice répandu par toute l'Eglise, et dont la reformation n'est peut-estre pas mesme reservée à des conciles entiers ? Si Tertullien a eu raison de soutenir que le Theatre est la seigneurie ou le royaume du Diable, je ne vois pas ce qui nous peut obliger, pour chercher le remede à notre hypocrisie et à nos fausses devotions, *d'aller consulter Beelzebut,* tandis que nous aurons des *prophetes en Israël.*

Au reste, quelque capable que fust Moliere, on pretend qu'il ne sçavoit pas mesme son theatre tout entier, et qu'il n'y a que l'amour du peuple qui ait pû le faire absoudre d'une infinité de fautes. Aussi peut-on dire qu'il se soucioit peu d'Aristote et des autres maistres, pourvu qu'il suivist le goût de ses spectateurs qu'il reconnoissoit pour ses uniques juges.

Le Pere Rapin pretend que l'ordonnance de ses comedies est toûjours defectueuse en quelque chose, et que ses denoüemens ne sont point heureux.

Il faut avoüer qu'il parloit assez bien françois; qu'il traduisoit passablement l'italien; qu'il ne copioit point mal ses auteurs; mais on dit, peut-estre trop legerement, qu'il n'avoit point le don de l'invention ni le genre de la belle poësie (1), quoique ses amis mesme convinssent que dans toutes ses pieces le Comedien avoit plus de part que le poëte, et que leur principale beauté consistoit dans l'action.

(1) *Observations sur une comedie de Molière intitulée le Festin de Pierre.* p. 5. etc. (Note de Baillet.) Cette critique, par le sieur de Rochemont. avocat, a eu plusieurs éd. en 1665.

JEAN-BAPTISTE

POQUELIN DE MOLIERE

PAR

CHARLES PERRAULT (1)

(1) Dans *les Hommes illustres qui ont paru en France pendant ce siècle* : avec leurs portraits au naturel, par M. Perrault, de l'Académie françoise. Paris, Antoine Dezallier, rue Saint-Jacques, à la Couronne d'or, 1697, 2 vol. in-folio. — Tome I, p. 79.

JEAN-BAPTISTE
POQUELIN DE MOLIERE

PAR

CHARLES PERRAULT (1)

(1) Dans *les Hommes illustres qui ont paru en France pendant ce siècle* : avec leurs portraits au naturel, par M. Perrault, de l'Académie françoise. Paris, Antoine Dezallier, rue Saint-Jacques, à la Couronne d'or, 1697, 2 vol. in-folio. — Tome I, p. 79.

cette pensée, promettant, s'il vouloit revenir chez lui, de lui acheter une charge telle qu'il la souhaiteroit, pourvû qu'elle n'excedast pas ses forces. Ni les prieres, ni les remontrances de ses amis, soutenues de ces promesses, ne purent rien sur son esprit. Ce bon pere lui envoya ensuite le maistre chez qui il l'avoit mis en pension pendant les premieres années de ses estudes, esperant que par l'autorité que ce maistre avoit eue sur lui pendant ces temps-là, il pourroit le ramener à son devoir. Mais bien loin que le maistre lui persuadast de quitter la profession de comedien, le jeune Moliere lui persuada d'embrasser la même profession, et d'être le Docteur de leur comedie : lui ayant representé que le peu de latin qu'il sçavoit le rendroit capable d'en bien faire le personnage, et que la vie qu'ils meneroient seroit plus agréable que celle d'un homme qui tient des pensionnaires (1).

(1) Ce premier maître de Molière seroit Georges

Sa trouppe estant formée, il alla jouer
à Roüen, et de là à Lyon, où ayant plû
au Prince de Conty, qui jeune alors, et
non encore dans les sentiments de pieté
qui l'ont porté à écrire si solidement, et
si chrétiennement contre la Comedie, les
prit pour ses comediens, et leur donna
des appointemens. De là ils vinrent à
Paris, où ils joüerent devant le Roy et
toute la Cour. Il est vray que la trouppe
ne réussit pas cette premiere fois ; mais
Moliere fit un compliment au Roy, si
spirituel, si délicat et si bien tourné, et
joüa si bien son rôle dans la petite comedie qu'il donna ensuite de la grande,
qu'il emporta tous les suffrages, et ob-
tint la permission de joüer à Paris. Il
satisfit fort le public, sur tout par les
pieces de sa composition, qui estant d'un

Pinel, qui fut en effet l'un des fondateurs de *l'Illustre Théâtre*. Il se sépara de la troupe dès
1645 ; mais on le retrouve à Lyon quatre ans plus
tard, dans une troupe rivale de celle de Molière,
dirigée par Sabran Mitarat, dit *La Source* ; son
nom de théâtre était *La Couture*.

genre tout nouveau, attirerent une grande affluence de spectateurs.

Jusques-là il y avoit eu de l'esprit et de la plaisanterie dans nos comedies ; mais il y ajousta une grande naïveté, avec des images si vives des mœurs de son siecle, et des caracteres si bien marquez, que les representations sembloient moins être des comedies que la verité mesme ; chacun s'y reconnoissoit, et plus encore son voisin, dont on est plus aise de voir les defauts que les siens propres. On y prit un plaisir singulier ; et mesme on peut dire qu'elles furent d'une grande utilité pour bien des gens.

Moliere avoit remarqué que les François avoient deux defauts bien considerables : l'un, que presque tous les jeunes gens avoient du dégoust pour la profession de leurs peres, et que ceux qui n'étoient que bourgeois vouloient vivre en gentilshommes, et ne rien faire ; ce qui ne manque point de les ruïner en peu de temps ; et l'autre, que les femmes avoient une violente inclination à deve-

nir, ou du moins à paroistre sçavantes ;
ce qui ne s'accorde point avec l'esprit
du ménage, si necessaire pour conserver
le bien dans les familles. Il s'attacha à
jetter du ridicule sur ces deux vices ; ce
qui a eu un effet beaucoup au-delà de
tout ce qu'on pouvoit en espérer. Il composa deux pieces contre le premier de
ces desordres, dont l'une est intitulée,
Le Bourgeois Gentilhomme, et l'autre,
Le Marquis de Pourceaugnac. Il y a apparence que les jeunes gens en profite-
rent ; du moins s'apperçût-on que les
airs outrez de cavalier qu'ils se donnoient
diminuerent à vûë d'œil. Contre le defaut
qui regarde les femmes, il fit aussi deux
comedies, l'une intitulée, *Les Precieuses
ridicules* ; et l'autre, *Les Femmes sçavantes*. Ces comedies firent tant de honte
aux dames qui se piquoient trop de bel
esprit, que toute la nation des Pretieuses
s'éteignit en moins de quinze jours ; ou
du moins elles se déguiserent si bien là-
dessus, qu'on n'en trouva plus ni à la
Cour, ni à la Ville ; et même depuis ce

temps-là elles ont été plus en garde contre la reputation de sçavantes et de pretieuses, que contre celles de galantes et
de dereglées.

Il fit aussi deux comedies contre les
hypocrites, et les faux devots; sçavoir,
Le Festin de Pierre, Piece imitée sur
celle des Italiens du mesme nom ; et
Le Tartuffe, de son invention. Cette
Piece lui fit des affaires, parce qu'on en
faisoit des applications à des personnes
de grande consideration; et aussi parce
qu'on prétendit que la vertu et le vice
en cette matiere se prenant aisément l'un
pour l'autre, le ridicule touchoit pres-
qu'également sur tous les deux, et donnoit lieu de se moquer des personnes de
pieté, et de leurs remontrances. Cependant aprés quelques obstacles, qui furent
levez aussi-tost, il eut permission entiere
de la joüer publiquement.

Il attaqua encore les mauvais medecins par deux pieces fort comiques, dont
l'une est, *Le Medecin malgré luy*; et
l'autre, *Le Malade imaginaire*. On peut

dire qu'il se méprit un peu dans cette derniere piece, et qu'il ne se contint pas dans les bornes du pouvoir de la Comedie ; car au lieu de se contenter de blâmer les mauvais medecins, il attaqua la medecine en elle-même, la traita de science frivole, et posa pour principe, qu'il est ridicule à un homme d'en vouloir guérir un autre. La comedie s'est toûjours mocquée des rodomons et de leurs rodomontades ; mais jamais elle n'a raillé ni les vrais braves ni la vraie bravoure : elle s'est réjoüie des pedans et de la pedanterie; mais elle n'a jamais blâmé ni les sçavans, ni les sciences. Suivant cette regle, il n'a pû trop maltraiter les charlatans, et les ignorans medecins; mais il devoit en demeurer-là, et ne pas tourner en ridicule les bons médecins, que l'Ecriture même nous enjoint d'honorer. Quoy qu'il en soit, depuis les anciens poëtes Grecs et Latins qu'il a égalez, et peut-être surpassez dans le comique, aucun autre n'a eu tant de talent ni de reputation.

Il mourut le 23. Fevrier de l'année 1673. âgé de 52 ou 53 ans. Il a ramassé en luy seul tous les talens necessaires à un comedien. Il a été si excellent acteur pour le comique, quoique tres-mediocre pour le serieux, qu'il n'a pû être imité que tres-imparfaitement par ceux qui ont joüé son rôle aprés sa mort. Il a aussi entendu admirablement les habits des acteurs, en leur donnant leur veritable caractere; et il a eu encore le don de leur distribuer si bien les personnages, et de les instruire ensuite si parfaitement, qu'ils sembloient moins des acteurs de comedie, que les vrayes personnes qu'ils representoient.

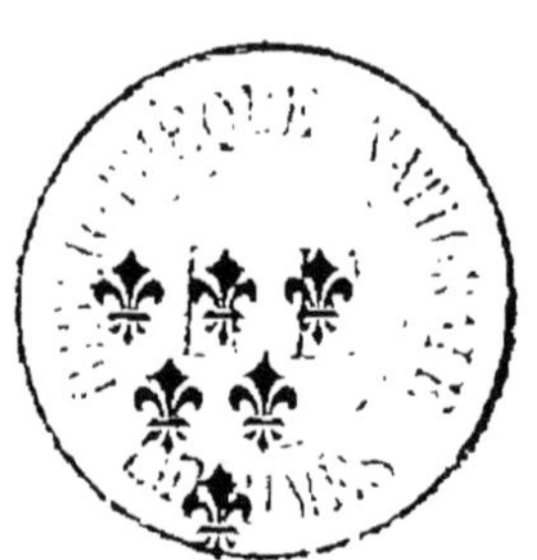

TABLE

IMPRIMÉ

Par C. MOTTEROZ

Typographe à Paris, rue du Dragon, n° 31

Pour **ISIDORE LISEUX**

LIBRAIRE A PARIS

TU PENSES
J'ŒUVRE
IMP.
C. MOTTEROZ

[illegible]